実例に基づく トラック運送業の 賃金制度改革

コヤマ経営 代表取締役
小山 雅敬 著

日本法令

はしがき

　近年、運送業を取り巻く経営環境は劇的な変化を遂げている。長年続いた「荷不足・低運賃の時代」から急速に「未曽有の人手不足時代」へ突入した。全国どこへ行っても「仕事はあるがドライバーがいない」と悩む経営者ばかりだ。この変化は、取引先の荷主にも焦りを生じさせている。多くの運送業経営者や荷主は「人口構成から見て、いずれは人手不足になるだろう」と想定していたが、それは徐々に表面化するものと考えていた。

　ところが、突然ドライバー不足と車不足の現実に直面し、慌てて物流体制の維持に奔走したため、「これは本当にまずいかもしれない」と痛感した。「今までのやり方では物流が滞るかもしれない」との危機感が運送業と荷主の両者で共有されてきた。ところが環境変化が急すぎて、現在でも対応が追い付かない会社が多く見られる。

　急速に変化した経営環境は、賃金制度にも大きな影響を与えている。完全歩合が当たり前の時代から固定給と歩合給の混合型へ変化し、最近では安定型賃金へシフトする動きが出始めている。

　本書は、運送業の賃金制度の変遷と賃金制度改革の具体的な進め方、および賃金制度の事例について述べている。筆者が約30年間にわたり、全国47都道府県でアドバイスしてきた運送会社は3,000社を超え、規模や業態は多種多様である。本書で紹介しているのは、経営コンサルティングの現場で見てきた実態である。もちろん守秘義務があるので、アドバイス先の内容をそのまま描くことはできないが、記述した中身は実際に自分の目で見たことや相談を受けた事例の内容に基づいている。

　運送業は典型的な労働集約型業種であり、かつ中小零細の実運送会社が大半を占めるため、賃金制度の良し悪しは経営の根幹に関わる重要課題である。運送原価の構成から見ても、賃金制度の適否は運送会社の利益体質を左右するといえる。

　それだけ重要な内容であるにもかかわらず、運送業の賃金制度、とり

わけ実例に関する書籍は数少ない。実は運送業の同業者間でも、賃金に関する話題はほとんど情報交換されていない。給与の支払い方や水準はその会社の秘密事項であり、親しい仲間ともお互いに中身を話したがらないのである。運送業の経営者から「同業他社はどうしているのでしょうか？」と聞かれることがしばしばある。

　筆者は賃金制度を改革するとき、賃金だけを見ていては良い制度ができないと考えている。財務や組織、将来の経営戦略等、経営全体から見て適切な制度を構築しなければならない。しかし、現実は「このくらい払えばよいだろう」といとも簡単に決めている会社が多い。本当にもったいないことである。賃金の支払い方次第で社員の動き方が変わる。運送業には運送業の実態に合った体系を導入しないと経営がうまく機能しない。

　本書は運送業の決算書や運送原価をどう分析するかなど、運送業経営コンサルティングの基本事項から記述した。運送業の経営に馴染みがない方々にも参考にしていただけるよう配慮したつもりである。

　本書が賃金制度の再構築を考えている運送業経営者、および運送業を指導されている専門家の方々に少しでも参考になれば幸いである。

　なお、現状、運送業で見られる賃金体系はその多くがコンプライアンス面の問題を多少なりとも抱えている。制度の改善を進めるにあたりコンプライアンスは最重要だが、従来から社員に馴染んだ体系をまったく無視して、理想論で再構築することは現実的に困難な場合がある。「最終的にこう改善する」と改定ステップを説明し、社員の理解を得て、段階的に改善を進めることもある。本書においてもその前提で記述している箇所があり、多少コンプライアンス上の問題が残る実例等についてはご容赦いただきたい。

　平成28年8月

株式会社コヤマ経営　代表取締役　小山　雅敬

目次

第1章 運送業の賃金制度に関する現状分析

I 運送業の賃金制度に関わる環境変化と課題 ……… 2
1. 好景気から一転して苦難の時代に ……… 2
2. 完全歩合給から固定給との混合型賃金へ ……… 2
3. コンプライアンス重視の影響 ……… 3
4. 人手不足の影響で安定型賃金へシフト ……… 4

II 運送業の賃金制度の現状 ……… 6
1. ドライバーとドライバー以外の職種で異なる賃金制度 ……… 6
2. 運送業の主な賃金制度3分類 ……… 7
   - (1) インセンティブ型／7
   - (2) 標準時間設定型／13
   - (3) 安定給与型／18

III 運送業の賃金制度は多種多様 ……… 22
1. 運送業は多業種の物流部門の集合体とみるべき ……… 22
2. 貨物運送業と旅客運送業との賃金体系の違い ……… 22
3. 賃金だけを見て賃金改定をしてはいけない ……… 23

第2章 賃金制度改革の手順

I 会社の現状把握 ……… 26
1. 財務から見た分析 ……… 26

(1)　財務会計・管理会計の両面で見る／26
　(2)　賃金は財務の一部である／26
　(3)　決算書の分析／26
　(4)　財務改善につながる賃金体系を検討する／27
　(5)　車両別損益は重要なデータ／29
　(6)　運送業の売上高対労務費率の見方／30
　(7)　運送業の労務費率は車種と業態で決まる／31
　(8)　保有車両数により加重平均して規範的労務費率を算出する／31
　(9)　運送業の経営分析／32
　(10)　運送業の原価分析／34
　(11)　経営の立直しと賃金の変動費化／36
　(12)　経営危機の中小運送会社での事例／39
2　取引条件から見た分析 …… 40
　(1)　運賃の決め方は多種多様／40
　(2)　取引条件は歩合の決定基準に影響する／40
　(3)　荷主による運賃水準の違いに注意／41
3　組織から見た分析 …… 41
　(1)　将来のあるべき組織を検討して賃金制度をつくる／41
　(2)　組織の見直しと賃金制度改革を同時に実施した事例／43
　(3)　組織改善のポイント／44
4　運行形態から見た分析 …… 46
5　労務管理面から見た分析 …… 48
　(1)　労働時間の実態を見る／48
　(2)　労働時間抑制につながる賃金改革を／48
　(3)　労働時間短縮に取り組んだ事例／49
　(4)　適正な労働時間管理の実施が必要条件／49
　(5)　待機時間の実態を確認する／50
　(6)　人事制度・評価制度との関連／50
　(7)　休日・休暇との関連／51
　(8)　教育システムとの関連／52

（9）　定年後再雇用の実態と賃金／52
　6　タコグラフや運転日報等のデータから見た分析 ……………… 53
　7　安全への取組みから見た分析 ……………………………………… 56

II 賃金制度の現状把握 …………………………………………… 57
　1　社内規程や労務管理帳票等の確認 ……………………………… 57
　2　就業規則 ……………………………………………………………… 57
　　■就業規則の例〈抜粋〉／62
　　■労働契約書の例／74
　　■誓約書の例／77
　　■身元保証書の例／78
　3　賃金規程 ……………………………………………………………… 79
　　（1）　主な確認事項／79
　　（2）　賃金構成／79
　　（3）　基本給と手当の意義／80
　　（4）　割増賃金／80
　　■賃金規程の例〈抜粋〉／81
　4　賃金台帳 ……………………………………………………………… 84
　5　給与明細書 …………………………………………………………… 84
　6　賞罰規程 ……………………………………………………………… 85
　　■賞罰委員会規程の例／86
　7　旅費規程 ……………………………………………………………… 91
　　■旅費規程の例／92
　8　退職金規程 …………………………………………………………… 96
　　■退職金規程の例／97
　9　災害補償規程、福利厚生規程、人事制度マニュアル、
　　人事評価表 ………………………………………………………… 103
　10　労働協約（労働組合がある場合）、労使協定（三六協定、
　　その他協定） ……………………………………………………… 103

Ⅲ 賃金制度改革にあたり経営者からヒアリングする内容 ··········· 105
1 経営理念 ·········· 105
2 経営者が社員に求めること ·········· 105
3 社員教育に対する経営者の考え方 ·········· 105
4 現在の賃金制度を構築した時期と経緯 ·········· 106
5 現在の制度に対する課題認識 ·········· 106
6 制度を見直したい点とその理由 ·········· 106
7 現制度中の維持したい部分とその理由 ·········· 107
8 現制度に対する社員の納得度、満足度 ·········· 107
9 社員から具体的に聞いた現在の賃金制度に関する不満の声 ······ 108
10 過去の行政監査での指摘事項等 ·········· 108
11 過去に発生した労使トラブル等の状況 ·········· 109

Ⅳ 賃金制度改革にあたって考慮すべき重要ポイント ·········· 110
1 コンプライアンス ·········· 110
2 人材確保 ·········· 112
3 労働環境改善 ·········· 114
4 経営の維持安定 ·········· 114
5 社員のモチベーション ·········· 115
6 数年後に目指す会社の姿 ·········· 115
7 組織再編の可能性 ·········· 116

Ⅴ 運送業における賃金制度構築の具体的な進め方 ·········· 118
1 賃金制度の基本理念 ·········· 119
2 支払賃金の適正額を検討 ·········· 120
3 所定内賃金の水準と構成を検討 ·········· 120
4 残業実態の確認 ·········· 121
5 インセンティブの検討 ·········· 121

6	諸手当の検討	121
7	評価制度の検討	121
8	賃金構成の再検討	122
9	賃金シミュレーションの実施	122
10	例外ケースを含め再検証	122
11	激変緩和措置・代償措置等の検討	123
12	社員説明資料の作成	124

■新賃金制度説明資料の例／125

13	社員説明会の実施	127
14	個々の同意書と社員代表者の意見書	127

■同意書の例／128

15	規程変更届け出	129
16	新賃金制度スタート	129
17	新体系開始後の検証と修正	129

VI 保有車種によるドライバー賃金体系の類型 ……… 130

1	トレーラー	130

　（1）　海上コンテナ輸送／130
　（2）　キャリアカーによる新車・中古車輸送／130

2	ダンプ・クレーン車	131
3	大型トラック（10トン車等）	132
4	ウィング車	132
5	平ボディ車・ハコ車	132
6	タンクローリー	133
7	2トン車～4トン車	133
8	郵便逓送・清掃車両等	133

第3章　運送業の賃金制度の実例

◇はじめに ………………………………………………………………… 136

Ⅰ　残業代未払い請求トラブルを機に、賃金体系の
　　改定を検討した地場・近距離配送A社の事例 …… 137

Ⅱ　ルート別運行手当を導入したB社の事例 ……… 142

Ⅲ　完全歩合計算から固定給と残業代に分けていた
　　長距離輸送C社の事例 ……………………………………… 146

Ⅳ　定額残業代を支給していた近距離・中距離輸送
　　D社の事例 ………………………………………………………… 150

Ⅴ　残業込みの業績手当で支払っていた地場・長距
　　離輸送E社の事例 ……………………………………………… 155

Ⅵ　職能給体系を導入し赤字体質に陥っていた物流
　　子会社F社の事例 ……………………………………………… 160

Ⅶ　日給制を採用していた地場運送業G社の事例 …… 164

Ⅷ　車両別成果配分制を採用していた中小運送業
　　H社の事例 ………………………………………………………… 168

Ⅸ　運行手当のみ（基本給なし）で支払っていた
　　Ｉ社の事例 ………………………………………………………… 172

Ⅹ　ドライバーの賃金を年俸制で支払っていたJ社
　　の事例 ··· 175

第4章　ドライバーの賃金体系に関する重要ポイント

Ⅰ　運送業の賃金改定とコンプライアンス ·· 180

Ⅱ　労働時間管理 ··· 181

Ⅲ　事故賠償金制度の問題点 ··· 183
　　■損害賠償に関する労使協定の例／185
　　■示談契約書の例／187
　　■事故分担金通知書の例／188
　　■弁済方法申出書の例／189

Ⅳ　無事故手当と無事故報奨金制度の違い ·· 190

Ⅴ　評価手当の運用方法 ··· 192

Ⅵ　自己評価シートと業績評価表の違い ·· 194
　　■自己評価シートの例（運転職用）／195
　　■ドライバー職用業績評価表の例／198
　　■指導記録票記載例／199

Ⅶ　歩合給の設定方法 ·· 200

Ⅷ　ドライバー以外の賃金体系 ·· 202

Ⅸ　ドライバー以外の評価表 ················ 203
　　■自己評価シートの例（事務職用）／204
　　■自己評価シートの例（倉庫作業員用）／207
　　■自己評価シートの例（管理職用）／210

Ⅹ　賃金制度と人事制度および教育システムの連動 ·· 213

第1章

運送業の賃金制度に関する現状分析

I 運送業の賃金制度に関わる環境変化と課題

1 好景気から一転して苦難の時代に

　かつてバブル時代の荷動きが盛んな頃、運送業は一定の投資により確実に高収入が得られる「うまみのある事業」の典型であった。ある大手運送会社は「ドライバー初心者でも50万円可能」と華々しく謳い、がんばり次第では月収100万円も夢ではないという時代であった。

　しかし、バブルが崩壊した後は一転して長い不景気の時代が到来した。景気低迷に加えて物流二法の施行による規制緩和で、少ない荷を同業者が互いに奪い合う過酷な供給過剰状態に陥った。その後20年以上にわたり、重く厳しい時代を迎えることになる。

　その間にも、軽油引取税の問題、環境規制の問題、高速料金改定の問題、スピードリミッター装着の問題、運賃の大幅低下、労働時間規制強化および行政監査基準厳格化の問題等が重なり、運送業はまさに四面楚歌ともいうべき数々の困難な環境変化にさらされてきた。

　運送業は荷主従属型の中小零細企業が大半を占めており、苦しくても荷主にものが言える取引環境にはなかった。不満を抱きながらも、じっと環境変化に適応して生き抜いてきた会社が多い。

2 完全歩合給から固定給との混合型賃金へ

　賃金制度も、そのような時代の環境変化とともに変遷してきた。かつてはトラック1台で走れば走るほど稼げた時代であり、完全歩合給制度が当たり前であった。個人でトラックを所有し、寝る間も惜しんで運転して稼ぐ人たちもいた。いわゆる「トラック野郎」が謳歌した時代の賃金制度である。今でもその時代を懐かしむ運送業経営者が多い。

完全歩合給が当たり前の時代から不景気の時代に移り、徐々に固定給と歩合給の混合型賃金体系に変わってきた。その変化の背景にあるのは過当競争による運賃低下である。

　完全歩合給は、稼ぎが多い月は良いが、稼げない月には生活が不安定になる。運賃低下の影響で稼げない月が多くなり、運送業を敬遠する者が増えてきたからだ。「歩合給はやりがいがあって良いが、普通に生活できるぐらいの給料は安定してもらいたい」と考えるドライバーが増えてきた。

3　コンプライアンス重視の影響

　そして近時、賃金制度の変化に決定的な影響を与えているのは、コンプライアンス重視の時代環境である。

　法令順守は当然必要なことである。しかし、最近は退職した社員が前会社を訴える事案が急増しており、「辞めたら訴える」動きがトレンドになりつつある。多少でも法違反が見つかると「ブラック企業」の烙印を押される傾向が強まった。賃金の支払い方が間違っていると、退職後に多額の未払い残業代を請求される時代である。

　大半の運送業経営者は運送業務に関する知識は豊富でも、労働法等の法律知識は乏しい。むしろ従業員のほうが、インターネットで豊富な情報を得ているため、知識格差の逆転現象が生じている。専門家を介して法律論で突っ込まれると、経営者はお手上げ状態となる。「在職中は納得して何年も働いていたではないか」と経営者が激怒しても、退職者には通じない。後の祭りである。

　運送業は無防備な会社が多いため、必然的にトラブル事案が多くなる。労務トラブルを防止するために賃金の見直しを検討する会社が増えているが、運送業の場合はそれだけの理由ではない。国土交通省の監査が厳格化された影響も大きい。労務面で問題が発生すると陸運支局に通報され、行政監査が入ることになる。監査で問題点を指摘されると、車両停止または営業停止等の厳しい行政処分につながる。

　監査の端緒として労働基準監督署からの通報が最も多いこともあり、

労務トラブルはどうしても避けたい。これまでコンプライアンスを意識してこなかった経営者も、賃金体系の見直しを検討せざるを得なくなってきた。

4 人手不足の影響で安定型賃金へシフト

　そのような環境変化の中、数年前から急速に人手不足が進行してきた。ドライバーの有効求人倍率がこの5～6年の間に、0.27倍から1.55倍に跳ね上がった。かつては運送会社に入社したいと希望する人が求人数全体の約4倍もいたが、短期間に求人数全体の6割程度しか集まらない状況に陥ってしまった。これはかつてない急激な変化で、未曽有の人手不足といえる。

　この環境変化は、賃金制度にも少なからず影響を与えている。固定給と歩合給の混合型が主流になっていた運送業に、固定給主体型の賃金制度が導入されつつある。

　その主たる要因は経験者の中途採用だけでは足らず、ドライバー未経験者や若手、女性など運送業界以外から人材流入を図る必要性が増したことだ。未経験者を集めるために他業態の賃金制度に近い制度を模索せざるを得なくなった。

　ワークライフバランスを志向する若者層が増加し、アフターファイブや休日休暇の確保に関心が向いてきている。働いてガンガン稼ぎたいという人より、安定した給与を望む人が増えてきたということだ。そのニーズに応えなければ、人が集まらない。

　求人対策として、高給よりも安定した給与と休日のほうが重要なファクターになってきた。求人票の賃金体系や休日の欄にどのように記載するかで求職者へのアピール度が大きく変わる。求人広告、求人情報サイト等の求人媒体においても同様である。近時、運送業の賃金制度は求人対策を意識して安定型賃金のほうへ大きくシフトしつつある（図表1－1）。

● 図表 1 − 1　トラックドライバーの有効求人倍率の推移

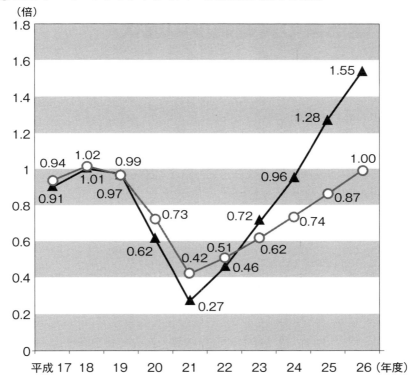

※平成 17 年度から平成 23 年度までは平成 11 年改定「労働省編職業分類」に基づく「473 貨物自動車運転手」の数値を、平成 24 年度から平成 26 年度までは平成 23 年改定「厚生労働省編職業分類」に基づく「663 貨物自動車運転手」の数値を引用している。
※新旧職業分類間での接続はなされていないことに留意が必要。
(出典) 国土交通省、厚生労働省
　　　「トラックドライバーの人材確保、育成に向けて」(平成 27 年 5 月 28 日) より

I　運送業の賃金制度に関わる環境変化と課題

II　運送業の賃金制度の現状

　時代の環境変化に即して変遷してきた運送業の賃金制度であるが、現在の賃金制度はどうなっているのか、その実態について述べたい。

　筆者は約30年にわたり全国の運送会社を訪問し、経営相談に応じてきた。47都道府県を何回転も回り、多種多様な運送会社を訪問したが、その大半は中小運送会社である。その数は3,000社を超えており、現在も全国に出張する日々である。

　本書で記す内容は筆者が見てきたかぎりの情報ではあるが、生の実態なのでそのまま記すこととする。

1　ドライバーとドライバー以外の職種で異なる賃金制度

　Iで述べたとおり、固定給と歩合給の導入割合や賃金構成は徐々に変遷しているものの、相変わらず両者ともに混在している。運送業の賃金制度は大きく3類型にまとめることができる。細かく見ると多様な制度が存在するが、その実例は後の章で記載することにしたい。

　運送業はドライバーの賃金制度とドライバー以外の制度とに大きく分かれる職種別賃金が基本形であり、その点で他業種の賃金制度と大きく異なる。運送業は社内にドライバーのほか、配車係や事務員、倉庫作業員、整備士、管理職等の職種が存在するが、ドライバー以外の賃金制度は一般的に固定給でシンプルな体系であり、他業種の賃金制度との違いは少ない。

　実運送会社[注]の場合、ドライバー等の現業社員を除いた間接人員（事務員、管理職等）の比率は社員総数の1割程度が目安となり、約9割の人数を占めるドライバーの賃金制度がその会社の利益率を左右する。もちろん、物流センターや倉庫を保有する会社の場合は、庫内作業

員の労務費も重要となる。

ドライバー以外の賃金制度については後段の章で説明することとし、ここでは運送業独特のドライバー賃金制度に焦点を当てて説明する。

（注）「実運送会社」とは、自ら輸送手段を保有して貨物の運送を行う会社のこと

2　運送業の主な賃金制度3分類

運送業の賃金制度は、大きく分けると3分類に分けられる。最も多い①インセンティブ型、次に多い②標準時間設定型、最近徐々に増えてきた③安定給与型の3つである。

以下、その特徴について述べたい。

(1)　インセンティブ型

①　仕事量を直接反映する体系

インセンティブ型は歩合給を活用して、がんばった人にはがんばったなりに直接賃金に反映する制度である。貢献度に比例する経営合理性から、多くの運送会社が導入する代表的な賃金制度である。

例えば、まったく同じ仕事をAとBのドライバーが担当したときに、Aのほうは手際良く短時間でこなし、Bのほうは要領が悪く時間がかかるとする。この場合に、仕事にかかった時間で賃金を決めると、生産性と賃金が逆転してしまい納得性がない。結果として戦力となるAのほうが退社し、仕事ができないBのほうが残ることになる。それでは運送業は成り立たない。

そこで、仕事に応じてインセンティブを付ける仕組みが必要となる。インセンティブの具体的な設定方法は、その会社の財務内容、取扱貨物、車種、荷主の業態、積卸し作業、待機時間等の要素により多種多様な作り方があるが、それは実例の項で後述したい。ここではインセンティブ型を導入する際の基本的な設計方法を述べる。

②　固定給＋歩合給の体系

インセンティブ型の場合、完全歩合給型から一部歩合給型まで多様に

存在するが、最も多いのは固定給＋歩合給の混合体系である。

　(イ)　基本給と諸手当

　　固定給部分は、基準内賃金の基本給が中心になる。基本給は、地域別最低賃金を若干上回る程度の金額に設定している運送会社が大半である。

　　長距離輸送を中心に行う運送会社では歩合給の比率が高く、最低賃金を下回る基本給を設定している会社も多い。

　　一方、基準内賃金の手当で導入割合が高いのは、第一に、事故の有無を反映する「無事故手当」、続いて、勤怠状況で決定する「皆勤手当」が挙げられる。

　　次に多いのは、運行管理者等の資格に対する「資格手当」、乗務回数に応じて車種別に支払う「乗務手当」もしくは「車両手当」、その他「宵積み手当」[注1]、「横持ち手当」[注2]、「二回旋手当」[注3]、「助手手当」[注4]等、業務に直結した手当が続く。社歴の古い会社では「家族手当」や「住宅手当」等、生計費補填型の手当を付けている会社が多い。

　　なお、「通勤手当」は大半の会社が支給している。さらに、古い会社ではいまだに「物価手当」のような、過去の遺物ともいえる手当が残っている会社も見受けられる。

　　運送業の特徴は、経営者の裁量で付けている「特別手当」や「職能給」「調整手当」等の意味不明な手当がよく見られることである。職能給との名称であっても実はお手盛りの調整手当であることが多い。

　　これらは経営者が1人1人の仕事振りを見て、賃金に上乗せすることでドライバーの気持ちを掴み、やる気を引き出すテクニックとして使っている。賃金体系を歪める手当ではあるが、経営者への信頼を生み出す効果もあり、必要悪のような手当だといえる。これは社員数が20名未満の会社ならば残しても良いが、20名以上になると見直しが必要である。不明確な手当は賃金改定時に整理し、明確な評価制度に置き換えることになる。

　　(注1)　「宵積み」とは翌朝一番で出発する貨物を前日の夜にあらかじめ積み込んでおくこと。「宵積み手当」とは、その作業に対して支

払う手当

(**注2**) 「横持ち」とは貨物を直接配送先に届けるのではなく、配送センター等へいったん立ち寄り、小分けして配送するなど寄り道する業務、もしくは細い道で貨物をトラックまで人力で運ぶ仕事や拠点内の貨物の移動等の仕事をいう。横持ち手当とはその作業に対して支払う手当

(**注3**) 「二回旋」とは1日に2運行行うこと、もしくは本来業務の後に別の運行を行うこと、2回転ともいう。二回旋手当とはその2運行目あるいは本来業務外の運行に対して支払う手当

(**注4**) 「助手手当」とは運転業務の補助もしくは荷役作業等の手伝いに対する手当

(ロ) 歩 合 給

　ⓐ　売 上 歩 合

歩合給は、売上歩合を導入する会社が全体の半数程度を占め、主流である。

売上歩合では、実際の売上数字を使って計算している会社が8割程度と大半を占めるが、残り2割程度の会社は社内で標準運賃を設定しており、賃金計算時に標準化した運賃で歩合給を算出している。社内標準運賃を使う理由は、(i)荷主による運賃格差でドライバー間に不公平感を引き起こさないため、もしくは(ii)情報管理上、実運賃を社員に知らせたくないため、の2つの理由が主である。

また、売上歩合では、運賃が高額な荷主の仕事を選びたがるのがドライバーの本音であり、配車の不満を排除し、適時適切に効率的な配車を組むために、標準運賃で計算する必要性が生じる。標準運賃は荷主の運賃の平均額か、もしくは最低額をもとに設定するケースが多い。

一方、実運賃で計算する方法でも、配車係の力量次第では不満が生じない。公平に配車し、歩の良い仕事もあればうまみの少ない仕事もあると全員が共通認識を持てれば、実運賃で計算することができる。

　ⓑ　距離歩合、その他

売上歩合の次に多いのは、距離歩合である。

距離歩合は、全体の3割程度の会社が導入している。デジタルタコグラフで把握した走行距離数を使用する会社が多い。距離歩合を導入している会社のうち2割程度は、実車キロ^(注)と空車キロの歩率を変えている。実車時の走行を優遇し、実車率の向上を図るためだ。また、実車時のドライバー負担感に報いる目的も兼ねている。

なお、距離歩合は長距離輸送には適さない。遠回りしたほうが得になるからだ。あるいは道に迷ったドライバーのほうが距離歩合を稼げることになる。通常、距離歩合は売上歩合を補完する役割として導入するほうがうまくいく。横持ち等で売上に反映しにくい場合などに距離を加味すると良い。

その他、積卸し回数、立寄り件数、伝票枚数、配送個数、運行ルート別等、多種多様な指標を使って歩合を組み立てるが、その詳細は後述したい。

(注)「実車キロ」とは貨物を積んで走行している距離のこと。貨物を積まずに走行した距離を空車キロという。

ⓒ 累進歩合は NG

累進歩合制^(注)は、改善基準告示で禁止されている。過度な刺激給は過労運転につながり、事故を引き起こすおそれがあるためである。

複数の歩合率を設定していても累進性がなければ違反ではないが、売上の到達基準に応じて歩合率を変えるのはお勧めできない。経営上のデメリットのほうが多いためだ。

運賃交渉の結果、売上が上がれば上がるほど利益が薄くなり、経営上のうまみが少ない。累進歩合に似た制度はタクシー業ではよく見られるが、トラック運送業ではごく一部に見られる程度である。そもそも運行管理に基づいて指示どおりに働くトラックドライバーには適さないといえる。

(注)「累進歩合制」とは、運賃収入に応じて歩合給の額が非連続的に増減するもの

③ 最低賃金に留意する

　また、インセンティブ型で留意すべきことは、最低賃金の問題である。当然ながら、地域別最低賃金をクリアする体系にしなればならない。

　完全歩合給に近い体系を導入している会社の中には、長い労働時間に比して運賃収入が低いため、最低賃金を割ってしまう会社も時々見受けられる。固定給と歩合給の混合型の場合、最低賃金の検証方法に注意しなければならない。

　歩合給の部分は最低賃金にカウントされるが、最低賃金に組み入れられる単価は歩合給の金額を総労働時間で除した金額であり、基本給など固定給部分の単価計算（所定労働時間で除する）とは異なるので、法律どおり正しく計算して合算し、検証しなければならない。法的には歩合給も最低賃金に入るので、必ずしも基本給と諸手当だけで最低賃金を充足しなければならないわけではない。

　それにもかかわらず、基本給を最低賃金以上の金額に設定している会社が多い理由は、(イ)歩合給が最低賃金にカウントされること自体を認識していない会社が多いこと、もしくは(ロ)求人対策として基本給を最低賃金以上に設定しないと人が集まらないため、のいずれかである。筆者の経験では前者の認識不足のケースが比較的多く見られる。

④ インセンティブ型の具体例 （売上歩合の場合）

前提条件

・所定労働時間 174 時間
・月間平均残業 60 時間
・深夜休日勤務なし
・地域別最低賃金 798 円
・月間平均売上 650,000 円
・売上歩合率 20%
・給与支払可能額　270,000 円 程度

基 本 給　　70,000 円
安全評価手当　20,000 円
歩 合 給　　130,000 円（売上 650,000 円 × 20%）
時間外手当　　47,115 円
合 　 計　　267,115 円

(イ) 最低賃金の検証（概算）

（基本給 70,000 円 + 安全評価手当 20,000 円）÷ 所定労働 174 時間 ≒ 517 円

歩合給 130,000 円 ÷（所定労働 174 時間 + 残業 60 時間）≒ 556 円

517 円 + 556 円 = 1,073 円 ＞ 最低賃金 798 円

　➡　最低賃金充足

ちなみに、安全評価手当がゼロの場合も 402 円 + 556 円 = 958 円で充足する。

(ロ) 割増賃金の検証（概算）

固定給部分　上記単価 517 円 × 割増率 1.25 × 60 時間 = 38,775 円
歩合給部分　上記単価 556 円 × 割増率 0.25 × 60 時間 ≒ 8,340 円
　　　　　　　　　　　　　　　　　　　　　　合計 47,115 円

上記は 60 時間の時間外労働がある会社のケースで例示した。

残業実態から給与支払可能額の範囲内で賃金構成を検討した結果、基本給が 70,000 円と少額の設定となった会社の例である。基本給は求人対策上なるべく高い設定が望ましいことは当然であるが、いくら以上で

なければならないという定めはない。

　なお、出来高給（歩合の比率が４割以上を占める体系）の場合は運賃収入が低い月であっても固定給を含めて通常賃金の６割以上の保障給を支払う必要があることに留意しなければならない（この場合、保障給部分を固定給として区分して表示すると、割増率1.25の適用対象とみなされることがあるので、注意が必要である）。

　上記の計算例のとおり、会社側から見た歩合給のメリットは、法律上、歩合部分の時間外算定基礎額が固定部分に比し小さくなることに加え、時間外割増率が0.25となり、固定部分の割増率（1.25）の５分の１で済むことである。

　さらに、歩合給のメリットは、各業務の実態に応じて比較的自由に基準を設定できることであろう。

(2)　標準時間設定型

①　ドライバーに最もわかりやすい体系

　運送業では、運行ルート別に走行距離に応じた標準運行時間を設定し、運行ごとに所定の金額を支給して、当該運行に伴い通常発生する時間外手当相当額として支払う方法が広く行われている。特に、長距離輸送を主体とする業態ではよく見られる。

　中小企業だけではなく、大手運送業でも採用している会社がある。これは、ドライバーに同じ仕事を任せた場合には、同じ賃金を支給しないと社内の配車管理上合理的な説明ができないためである。ドライバー間の納得性を保つため、広く導入されている。「この仕事は１運行いくら」とわかりやすく金額を示すことで、ドライバー間の賃金不公平感を解消することができる。

　実際に、ドライバーの習熟度により効率の悪いドライバーほど積込み積卸しに時間を要し、さらに積忘れ、誤配等のミスが重なると、業務効率の低い社員ほど時間を長く要するため、支払賃金と実際の貢献度との間に逆転現象が生じ、優良ドライバーほど不満が募ることになる。これは全社統一的な労務管理に支障をきたす（筆者の経験では、まったく同じコースの同じ仕事をしているドライバーＡとＢで労働時間に月50時

間程度の差があるケースがあった）。

② コンプライアンスと社員の合意が重要

　しかしながら、この方法で支給する場合に最も留意すべきことは、コンプライアンスの問題である。この支払方法が歩合ではなく、時間外手当であることを立証しなければならない。あくまでも「標準運行所要時間から導き出された所定外労働時間に相当する金額を時間外手当相当額として支払う意味しか持たない」という立証である。

　近時、定額時間外手当に対する解釈がきわめて厳しくなり、安易な設定方法で運営していると大けがをするリスクがある。かといって運送業の実態に適合しており、今まで長く適用して社員に定着している賃金計算方法をいきなり大きく変えることは、社員の不信感や離反につながるおそれがあり、なかなか困難なケースも多い。

　標準時間設定型で支払う場合には、社員個々の合意を前提とし、合理的で納得性のある仕組みに改善していく必要がある。そのためには、大前提として下記の項目はすべて網羅される必要があるだろう。

・労働時間管理を適正に実施すること（運送業の労働時間管理の方法については後述する）
・割増賃金として支払われた部分が、所定内労働に対する賃金と明確に区分されていること
・支給した額が、実際の所定外労働時間に基づき計算した法所定の割増賃金額に満たない場合は、その不足額を補填すること
・上記の差額精算の運用を実際に行っている事実があること
・標準時間で支払った金額が何時間分にあたり、実際の時間外が何時間であったか、対比ができること
・社員個々の同意を得ていること
・賃金規程や労働契約書、給与明細において割増賃金の支払方法が明記され、社員に認識されていること

　このように見ていくと、実際の所定外労働時間数で都度支払ったほうがよほど簡単であり、仕事に応じた標準時間で支払うことは相当に煩雑な手続きを要することがわかる。短時間で仕事をこなす生産性が高い社員のほうを優遇したいという、現場の当たり前の感覚と現在の労働法

(生産性の良し悪しは無関係。実時間で計算して支給）の規定との間にギャップがあるという経営者の声をよく聞くゆえんである。

いずれにしても、標準化した手当で統一的な運用を継続していくためには、現在の法律が求める条件を満たすべく改善に取り組む必要がある。

③ 標準時間設定型の具体例

前提条件
- 所定労働時間 174 時間
- 月間平均残業 60 時間
- 深夜休日勤務なし
- 地域別最低賃金 798 円
- 標準時間は「運行方面別標準時間外手当表（図表1−2)」による。

基 本 給	140,000 円
安全評価手当	20,000 円
標準時間外手当	110,000 円（Aルート1運行につき5,000円×22回 累計 110,000 円）
割増賃金差額精算	0 円
合　　計	270,000 円

標準時間設定型は、歩合給と組み合わせて設計するケース(注)もあるが、上記の場合は歩合給がなく、標準時間外手当を全額割増賃金相当額としている例である。したがって、最低賃金は基本給と固定的手当で充足しなければならない。

(注) 歩合給と組み合わせた事例（日給＋歩合給（運行手当）＋標準時間外手当）

　〇大型車の運行方面別手当の計算例
　　＜計算の前提条件＞
　　・労働時間の実態調査から1運行ごとに約3時間の残業が発生
　　・収受運賃は1運行 45,000 円

● 図表１－２　運行方面別標準時間外手当表

行先	走行距離（往復）	走行時間	事務所内作業	休憩	積降し荷待ち	標準時間外	手当額
○○社 ○○工場	300 km	7 H	0.5 H	1 H	1.5 H	1 H	2,000 円
○○社 ○○社 ○○工場	350	8	0.5	1	1.5	2	4,000
○○社 ○○社 ○センター	400	9	0.5	1	2	3.5	7,000

（注）　実残業時間による法定割増額が上記手当額を超過した場合は補填する。
　　　　日報に標準時間超過の理由を明記すること（例：「待機時間超過のため」）。

・所定労働時間 8 時間／日、173 時間／月
・月間残業時間平均 65 時間、深夜なし
・日給制　1 日 5,000 円
・月単位の手当　無事故手当 10,000 円　皆勤手当 5,000 円

＜検討方法＞
・財務面から見た賃金支払額の目安
　　45,000 円 × 0.3 ＝ 13,500 円
　　……大型車は収受運賃の 3 割が支払給与の目安（標準原価より）
・実態の残業時間から見た賃金構成の検討
　　月 15,000 円（無事故手当＋皆勤手当）÷ 173 時間 ≒ 87 円
　　日給 5,000 円 ÷ 8 時間 ＝ 625 円
　　（87 円 ＋ 625 円）× 1.25 × 3 時間 ＝ 2,670 円　➡　（固定給部分に対する割増賃金の目安）
・運行手当額の検討
　　13,500 円 － 5,000 円 － 2,670 円 ＝ 5,830 円
　　➡　約 5,800 円　（Aルートの運行手当額の目安を仮置き）
　　5,800 円 ÷（173 時間 ＋ 65 時間）× 0.25 × 3 時間 ≒ 18 円　➡

(歩合給部分の割増賃金の目安を仮置き)

＜検討結果＞

賃金構成案は以下のとおり。
- 日給　　　　　　　　　5,000円
- Ａルートの運行手当　　5,800円
- 同　標準時間外手当　　2,700円

(別途、無事故手当　月10,000円、皆勤手当　月5,000円)

　また、安全評価手当は最低賃金に含まれるものの、故意または過失で事故が発生した月には不支給となるため、検証時点では念のため計算の枠内から外し基本給のみで充足することを確認する。なお、安全評価手当が支給された月は、当然最低賃金に算入される。

　上記例では毎日Ａルート（計算上5,000円相当の残業手当が標準的に発生するルート）だけを担当するドライバーの例を挙げたが、実際には日々運行ルートが変わるのが通常であり、金額は運行実態により日々変動する。

　歩合給との最も大きな違いは、労働時間を基準にして標準化するため、計算基準を自由に設定できない点である。労働時間と何の関連もない業績指標で計算することはできない。この点は、賃金制度を検討する際の重要なファクターになる。

　なお近時、定額残業代の運用が裁判等で否定される事案が出ているが、上記に記載したいくつかの注意点は、定額残業代を検討する場合にもそのままあてはまる。会社の実状と労働時間の実態に応じて慎重に検討しなければならない。

(イ)　最低賃金の検証（概算）

　　基本給140,000円÷所定労働174時間≒804円　＞　最低賃金798円　➡　最低賃金充足

(ロ)　割増賃金の検証（概算）

　　（基本給140,000円＋安全評価手当20,000円）÷所定労働174時間×1.25×60時間≒68,966円

　　標準時間外手当11万円　＞　法所定の支払必要額　68,966円
　　　➡　補填の必要なし

標準時間外手当表が、実際の標準運行時間に沿って適正に作成されていることが、時間外手当の有効性立証のために最も重要である。通常は走行時間の算出にあたり、標準走行時速を一般道40km/h、高速道70km/h程度に設定して運行方面別の総キロ程から算出している会社が多い。

ただし、業務ごとに実態を見て判断しなければならない。荷役作業時間は待機時間も含め（休憩時間は除く）、実態に即してカウントする必要がある。運行時間のほか、出庫・帰庫の前後に発生する車両点検、点呼、洗車等の作業時間も標準化して組み込む。

ルート別に当該運行に伴う総拘束時間から所定労働時間と休憩時間を差し引いた残りの所定外労働時間に相当する標準金額を算出する。算出根拠は記録として保管しておく必要がある。

標準時間外手当は歩合の性格を一切持たせず、実態の標準運行状況から算出した割増賃金とすることが肝要である。

なお、運送業は運行管理を行っているので、事業場外みなし等のみなし労働時間制を採用することができない業種である。上記の計算方法は労働基準法所定の計算をその都度行うものではないが、計算の便宜上作業ごとの時間実態を分析し、作業を命じる都度標準時間で計算して支給するものである。

したがって、実時間に基づく労働基準法所定の計算との間に不足額が生じた場合は、補填することで時間外手当の未払いを防止する運用が求められる。上記例では法律の所定額以上に支払われており、補填が不要だが、仮に不足額が生じた場合は「割増賃金差額精算」もしくは「追加時間外手当」等の手当項目で別途支給する必要がある。

（3） 安定給与型

① 人手不足を背景に安定化の検討が進む

安定給与型は固定給と時間外手当で支払う体系であり、歩合給等の直接的なインセンティブが一切入らない賃金制度である。

この制度は毎月の支払賃金が安定するメリットがある。近年人手不足対策で、新卒をはじめとする若年層や女性ドライバーの採用・定着に取

り組む運送会社が増えており、人材の受け皿として新たにこの制度を立ち上げる会社が徐々に現れている。新卒や未経験の若年者、女性等を採用する際に、歩合給は不安感を生じさせ、敬遠されるおそれがあるからである。

運送会社において固定給の賃金制度は珍しく、比較的少数派に属する。

なお、従来から歩合給体系を導入していた会社の場合は、既存ドライバーに適用する体系をそのまま残し、歩合給制度と固定給制度の二本立て賃金体系とし、選択制で固定給体系を新設するケースもある。この場合は求人票の備考欄に「本人の希望により業績重視の賃金体系を選択することも可能」の旨を記載し、明示しなければならない。

② 評価制度の導入が必須

安定給与型はもともと事務員や倉庫作業員に適用していた賃金制度とほぼ同様であり、全社の賃金制度が同じ安定型で統一されるメリットがある。

一方で、個人の生産性や貢献度が直接月例賃金に反映されないため、「がんばってもがんばらなくても同じ」との意識を引き起こすデメリットがある。そのため、安定給与型の賃金制度を導入する際は、必ず評価制度と賞与制度もしくは退職金制度を併せて導入するのが一般的である。

中には、基本給テーブルを策定して評価結果を昇給時に号俸で反映する運用方法も存在する（職能給体系等）が、基本給の昇給額に多少の差を設けたとしても、昇格や昇進が少ないドライバー職に対しては、モチベーションとしての効果はあまり期待できない。それよりも、賞与や退職金に評価結果を大きく反映するほうが効果的である。

なお、ドライバーにもリーダー、班長、主任等の職位を与え、役割と責任に応じた手当を付加することでやる気を高める方法がある。この場合は、評価結果を昇進考課に利用する旨を公表すると効果が出てくる。いずれにしても、安定給与型の固定給体系は、評価制度と両立させないと問題が生じやすい体系といえる。

生産性向上に対するモチベーションが維持されないと、ダラダラと長

く働いたドライバーのほうが高い賃金となり、活力の乏しい会社に陥る可能性がある。安定給与型の賃金制度で強い会社を目指すためには、適正な評価制度と経営者の強いリーダーシップが必要である。
　また、制度を維持するためには、社員教育とコミュニケーションがポイントになる。

③ 安定給与型（固定給＋時間外手当）の具体例

前提条件

・所定労働時間 174 時間
・月間平均残業 60 時間
・深夜休日勤務なし
・地域別最低賃金 798 円

基　本　給	150,000 円
乗務手当	22,000 円（4 トン車 1 日 1,000 円、保有する運転免許もしくは乗務する車種により日額単価を決定）
安全評価手当	20,000 円
時間外手当	82,759 円
合　　　計	274,759 円

　(イ)　最低賃金の検証
　　（基本給 150,000 円＋乗務手当 22,000 円）÷所定労働 174 時間 ≒ 989 円　＞　最低賃金 798 円
　　（安全評価手当は評価結果により変動するため検証時点では考慮していない）
　　➡　最低賃金充足
　(ロ)　割増賃金の検証
　　（基本給 150,000 円＋乗務手当 22,000 円＋安全評価手当 20,000 円）÷所定労働 174 時間× 1.25 × 60 ≒ 82,759 円

　上記は基本給を少し厚めにし、乗務日数ごとに定額で支給する乗務手当を付加した体系の例である。実際には、固定給部分の賃金構成はいく

とおりも存在するが、上記では保有免許もしくは乗務車種を重視する比較的シンプルな体系の例を挙げた。

なお、通常、最低賃金には安全評価手当も算入されるが、変動するため検証時点では算入していないことに留意されたい。

（参考）　上記例にはないが、安定給与型賃金でよく見られる家族手当や精皆勤手当は、最低賃金の計算に不算入となる。

④　**残業の目標管理がキーポイントになる**

上記は採用重視の観点から、基本給と固定安定的な手当のみで構成した例である。固定給主体の安定給与型は、所定外労働時間に応じて都度労働基準法所定の計算方法で計算して支給する体系であり、コンプライアンス上の問題は生じにくい。

ただし、残業の目標管理をしっかり行わないと、労働時間に歯止めがきかなくなるリスクを内包している。固定給中心のため、残業の算定基礎額が大きくなり、所定外労働時間が多くなると人件費支払ファンドを超過し、財務上の問題が生じるのである。

この体系を導入する際は、残業目標管理で残業抑制の取組みを併せて進める必要がある。また、管理者は日頃からよく社員を観察し、ダラダラと仕事をしたり、作業終了後も社内に残ったり、必要以上に早く出勤したりしていないかを注意しなければならない。

III 運送業の賃金制度は多種多様

1 運送業は多業種の物流部門の集合体とみるべき

 II 2に挙げた賃金制度の3分類はあくまでも代表的な例であり、さらに細かく見ると、運送業の賃金制度は実に多種多様である。

 一般的に「運送業」と一括りにしているが、特にトラック運送業の場合は、荷主の数だけ業態が異なるといっても過言ではない。すべての運送会社が運送業という業種に分類されるが、その実態は各荷主の物流部門の集合体が「運送業」という業種である。

 近距離輸送でも、コンビニ配送と郵便逓送、清掃車両による運搬業務等は、それぞれその作業内容や労働時間等、労働条件がまるで違う。また、長距離輸送で、大型免許とけん引免許を必要とする業態でも海上コンテナ輸送とキャリアカーによる新車輸送とでは、作業形態や労働時間、求められる技能等がまったく異なる。

 さらにいえば、1つの会社の中にさまざまな業態の仕事が混在しているのが運送業である。そもそも、賃金制度は各企業の実態に応じてつくるもので、業態により適切な制度が決まってくる。つまり、隣の運送会社が導入している制度を真似て、わが社でも導入しようとすると必ず失敗するのが運送業の賃金制度改革の難しいところといえる。

2 貨物運送業と旅客運送業との賃金体系の違い

 この点、同じ運送業でもタクシー業やバス業等、旅客運送業の賃金制度はトラック運送業の制度と似て重なる部分もあるが、その賃金体系の種類は比較的限られている（筆者はタクシー、バスの賃金制度改革も過去に何社も手掛けている）。

旅客運送業の場合は、どの会社に行っても賃金制度はほぼ似通っており、独特の定型的な体系が5～6種類ある。

　タクシーの場合は、A型、B型、AB型、償却制等の体系[注1]が存在し、その折衷型がよく見られる。無事故手当はほぼ導入されている。

　バスの場合は、距離歩合や運行手当の採用が比較的多い。無事故手当や皆勤手当はよく見られる。歩合の設定や残業の支払方法等に違いはあるが、数種類の賃金体系でほぼ8割がたは説明がつく。

　旅客運送業の業態はタクシーの流し、付け待ち[注2]、無線、介護、バスの路線、貸切り（観光、送迎ほか）等、いくつかの分類区分はあるものの、トラック運送業のように作業内容や積荷が多種多様ということがないため、比較的シンプルな制度になってくる。

　しかしながら、決して賃金制度改革が簡単なわけではない。タクシーやバスの場合は未払い残業問題のほかに、接客マナーの問題、成績不良者の最低賃金割れの問題や労使交渉の厳しさ等、トラック運送業とは異なる難しい問題が存在するのである。

(注1)　「A型賃金」とは、固定給（基本給と諸手当）＋歩合給＋賞与の体系であり、比較的安定的な賃金体系。「B型賃金」とは、月間営業収入×歩合率で計算する完全歩合給のこと。「AB型賃金」とは、歩合給＋賞与（実際は歩合給の積立部分）で支給する体系。償却制とは、月間営業収入から燃料費や車両費、管理費等を差し引いて支払う制度。

(注2)　「付け待ち」とは駅やホテル、公共施設等のタクシー乗り場で乗客が来るのを待つ営業手法。

3　賃金だけを見て賃金改定をしてはいけない

　これから賃金制度改革を考えている人に申し上げたいのは、賃金制度を検討する際には、「賃金」だけを見ていては失敗するということである。賃金制度は経営の一部であり、すべてではない。賃金制度改革の目的は経営理念の実現であり、経営の健全化と安定した成長を果たすことである。社員のやる気を最大限引き出し、活力ある会社にするためである。

賃金制度改革の入口は財務、組織、営業戦略、労務管理等、経営全般の課題分析とコンプライアンスがスタートであり、決して賃金の金額や構成だけが検討の入り口ではない。

第2章

賃金制度改革の手順

Ⅰ 会社の現状把握

1 財務から見た分析

(1) 財務会計・管理会計の両面で見る

　賃金制度改革を進める際は、まず財務面の現状分析から始める必要がある。

　財務諸表のうち、貸借対照表と損益計算書および運送原価明細書の3つの書類（以下「決算書」という）は特に重要である。そのほかに、車両別の原価明細、収支日計表等の管理会計資料、荷主別の収支状況等の社内管理資料があれば、それらも分析する。

　管理会計資料がどの程度整っているか調べることにより、どの程度までインセンティブの仕組みを組み立てられるかが決まる。ドライバー別にコストや収支が把握できれば、それを評価指標に活用できるが、管理されていなければ日報で把握できる範囲で検討するしかない。

(2) 賃金は財務の一部である

　そもそも何のために財務面から検討を開始するのかといえば、賃金は会計上労務費（もしくは人件費）の一部であり、労務費（もしくは人件費）は売上とコストの状況により決まってくるからである。

　つまり、いくら賃金を上げたくても余裕資金がなければ、出せないのである。いくらまで支払能力があるのか、そもそも今の賃金水準は妥当な水準なのかを分析しなければならない。

(3) 決算書の分析

　決算書は過去3期分を分析するとよい。3期分を見ることにより、近

時の経営状況が見えてくる。

　大事なのは売上と利益の伸び率である。当社は現在伸びているのか、順調なのか、不調なのかを再確認する。売上、利益ともに伸びていれば現在の経営戦略は間違っていないので、今後もドライバーと車両を増やしていくことで、さらに事業拡大を目指すことができる。売上は伸びているが、利益が減っているのであれば、収支が合わない仕事を無理して請け負っているか、無駄なコストをかけているかである。

　もし、収支が合わない仕事を請け負っているのであれば、荷主との交渉が必要であり、交渉次第では撤退の判断もあり得る。将来撤退も視野に入れた荷主の業務に関しては、賃金制度を検討する際にもあらかじめ考慮しておく必要がある。

（4）　財務改善につながる賃金体系を検討する

　また、無駄なコストをかけすぎている場合は、それが人件費なのか、燃料費なのか、高速代、修理費、タイヤチューブ代なのかを勘定科目ごとに見ていき、問題点を抽出しなければならない。

　なぜ勘定科目ごとに分析する必要があるかというと、問題となるコストが見つかれば、賃金制度を構築する際にコスト意識を高める仕組みを賃金制度の中に組み入れることが考えられるからである。

　例えば、燃料費比率が同業他社比で高いのであれば、評価制度の中に燃費目標達成度を組み入れて賞与に反映(注1)するか、もしくは月例賃金の中にインセンティブとして直接組み入れる選択肢（歩合給の計算を（売上－燃料費）×○％とする等）も考えられる。

　また、他社比で事故や作業ミスが多く、事故費や修理代がかさむようであれば、事故や作業ミスの削減に努力した者が報われる制度(注2)に人件費を充てる改善策が考えられる。これも業務品質手当の新設、もしくは評価制度の中で安全取組に対する評価ウエイトを高めるなどの改善を行うことになる。

　賃金制度は単に給与を支払うということではなく、社員にどういう意識を持って仕事に取り組んでほしいかを明示するものである。その方針に基づいて、社員が毎日がんばって取り組めば、自ずと会社財務面の課

題が改善するような仕組みにしなければならない。財務上の課題は、賃金制度の中に解決策を組み入れて、具体的な財務改善に結び付けることで初めて有効に機能する。

(注1) 燃料費比率が高い場合の制度の例

　　通常、評価制度を構築する際に、①業績評価制度や、②目標管理制度を併せて運用することがある。業績評価制度は客観的な数値のみで評価するもので、上司の恣意性が入らず納得性が高い。運送業では、①事故の発生状況、件数、実損額、荷主への影響度、②洗車抜打ちチェック（月2回）の結果、③指導票の件数、制裁回数、④クレーム発生件数、⑤安全評価点月間平均点数―等とともに「目標燃費達成率」を組み込むことがある。評価期間内で通常5～10％の燃料費削減（＝燃費向上）を目指すケースが多い。

　　一方、目標管理制度は定性的な内容も含めて、本人に次期の業務目標を記載させ、その達成度を評価するものである。通常は会社指定の項目（必須項目）と本人の任意項目に分けて記載させる。この必須項目に「目標燃費」を記載してもらい、その達成度を評価することがある。燃料費に財務上の課題がある場合は、このような制度を検討する。

(注2) 事故や作業ミスが多い場合の制度の例

　　通常、事故や作業ミスを削減する目的で、賃金項目の中に「業務品質手当」もしくは「無事故手当」「安全評価手当」等が組み込まれる。この場合、車両事故だけでなく、商品破損や誤配等の作業ミスも含めて業務事故と捉え、該当手当を支給する際の判断基準に入れる会社が多い。

＜該当の賃金規程記載例＞

> （業務品質手当）
> 第○条　所定労働日数の8割以上勤務し、期間中無事故で作業ミスゼロの場合に別途定める業務品質手当を支給する。なお、事故には車両事故、商品事故のほか、設備機器等の破損を含む。また、作業ミスには誤配、検品チェック漏れ、伝票受領忘れ、ピッキングミス等すべての作業ミスを含む。

（5） 車両別損益は重要なデータ

　また、担当業務ごとの適否が判断できる車両別損益、荷主別収支状況のデータは、賃金制度改革において大変貴重な情報源になる。データを見れば、個人別、業務別、荷主別に、その特徴や問題点が浮き彫りになる。

　問題点が個別業務ごとに抽出できれば、それを賃金制度の中で解決する方法を検討することができる。賃金制度のうち、特にインセンティブの部分は業務内容に応じて適切に設定し直すことができるからである。

　例えば、通常の運賃で待機時間が長い業務に従事するドライバーのインセンティブを一律の売上基準で計算していると、不満が高じて離職につながるため、待機手当を組み入れる見直し（注）を検討するなどである。

（注）　待機手当の組入れ例

　　　例えば下記の場合に、いずれも同率（20％）の売上歩合給が付くとする。

・待機時間が長い業務に従事するAドライバー
　運転時間5時間　作業時間2時間　待機時間3時間
　月間運賃収入 800,000 円
・待機時間が短い業務に従事するBドライバー
　運転時間5時間　作業時間2時間　待機時間1時間
　月間運賃収入 700,000 円
・Aドライバーの歩合給は 800,000 円 × 0.2 ＝ 160,000 円となる
・Bドライバーの歩合給は 700,000 円 × 0.2 ＝ 140,000 円となる
　月間労働日数はいずれも 23 日とした場合、
・Aの1時間あたり歩合給額（休憩除き）は、160,000 円 ÷（10 時間 × 23 日）≒ 696 円
・Bの1時間あたり歩合給額（同上）は、140,000 円 ÷（8 時間 × 23 日）≒ 761 円

　　　つまり、一見すると運賃収入が高いAの賃金が高く見えるが、待機時間を考慮すると、Bの時間あたり賃金が高くなる。この場合に、761 円 － 696 円 ＝ 65 円の差額の半額を補填すると、Aドライバーの納

得感が出てくる（半額にするのは作業と待機の負荷の違いを考慮したもの）。

〔対策〕　Aのほうに65円×10時間×23日÷2＝7,475円→約7,500円を待機手当として支払う。

（6）　運送業の売上高対労務費率の見方

　賃金を財務面から検討する際に欠かすことができないのが、売上高対労務費率の確認である。

　売上高対労務費率とは、運送原価の中に計上される現業社員の労務費が売上に占める比率である。これに一般販管費に計上される事務員や管理職、役員の給与等を加えたものが売上高対人件費率となる。

　なお、実運送会社の場合、間接人員の人数は全社員数の1割程度が目安である。また、通常の実運送会社では間接人件費（現業社員を除く）は、やはり売上の10%以内が目途となる。

　現業社員であるドライバーの賃金制度を検討する際は、売上高対労務費率を分析することになる。ただし、留意すべきことは運送業の場合、荷主から請け負った仕事を同業者に傭車として委託することが多いため、総売上高から傭車売上高を引いた自車両による売上高の数字を使わなければならない。つまり、総売上高を使わず、自車売上高対労務費率で判断する点が運送業の財務分析における重要なポイントである[注]。

　（注）　具体的な計算例
　　　　・ある運送会社の運賃売上高（年間）　　　　　1,000,000,000円
　　　　・運送原価中の「外注費」もしくは「傭車費」　　300,000,000円
　　　　・傭車マージン（取扱手数料）　　　　　　　　　　　　　5%
　　　　・傭車売上（外注費÷0.95）　　　　　　　　　　315,000,000円
　　　　・自車売上高（自車両による売上）
　　　　　（1,000,000,000円－315,000,000円）　　　　685,000,000円
　　　　・労務費
　　　　　（ドライバーの給料手当＋賞与＋退職金
　　　　　　＋法定福利費＋福利厚生費）　　　　　　　325,000,000円
　　　➡この会社の実態上の労務費率は、

(325,000,000 円 ÷ 685,000,000 円)　　　　　　　　47％

(7) 運送業の労務費率は車種と業態で決まる

　コンサルティングの現場では、労務費率70％程度まで膨れ上がった会社も散見される。労務費率を判断する時に重要なことは労務費率のあるべき姿である規範値を押さえておくことである。運送業の規範的な労務費率は、おおむね担当車両の車種と地場か長距離かなど、業態の違いによって決まってくる。

　地場配送が多い小型2トン車クラスなら労務費率50〜55％程度が規範値になる。地場から中距離主体の普通車4トン車クラスなら43〜45％程度である。長距離が多い大型車10トン車クラスなら35〜38％程度、長距離主体のトレーラークラスなら30％程度が標準的な値である。

　首都圏や東名阪地区とそれ以外の地方とでは、3〜5ポイント程度の格差（地方のほうが低い）が見られる。

(8) 保有車両数により加重平均して規範的労務費率を算出する

　この数値を基準として保有車両の車種、車両数により加重平均して算出された値が、その会社の適正労務費率となる。例えば、2トン車20台、4トン車10台、10トン車5台を保有する地方都市の運送会社であれば、（20台×50％＋10台×43％＋5台×35％）÷35台≒46％が目安となる労務費率である。

●図表2-1　ドライバーの賃金実態

	運収/月 （万円）	月例賃金 （残業込/万円）	労務費率 （％）	年収 （総支給額/万円）
2トン車	45〜60	20〜28	48〜55	240〜320
4トン車	60〜70	25〜33	43〜47	300〜390
10トン車	70〜120	28〜42	35〜40	340〜480
トレーラー	100〜150	35〜45	30〜38	420〜500

このように算出した労務費率は、あくまでも参考値ではあるが、現状の賃金水準の妥当性を判断する重要な指標となる（図表2－1）。

（9） 運送業の経営分析

賃金制度に限らず、会社の制度改革を検討するときは必ず財務面からの経営分析が必要である。

経営改善を目的として運送業の決算書を分析するときに、最も大事なことは単純に運送業界の平均値と比較しないことである。参考にする程度ならよいが、赤字企業を含めた業界平均値と比較しても健全性を判断することはできない。

現在、中小運送業の過半数は赤字経営であり、経常利益の業界平均値はマイナスである。「業界平均が赤字なので、当社は利益ゼロで良いほうだ」と勘違いしてしまいがちだが、財務を分析するときは「本来こうあるべき」、「ここを目指したい」という目標値を基準にして分析することが重要である。

運送業の経営分析では、保有するトラックや駐車場その他設備の効率性と収益性の分析が最も重要である。投下した資本がどれだけ売上や利益に結び付いているかである。

つまり、総資本経常利益率が最も重要な指標になる。この指標を5%以上にすることを目指す。そのためにまず、単年度の売上が総資本の1.6倍以上になっているかを見る。達していなければ、資本の中身を分析し、売上や利益に結び付いていない資本を洗い出す。

次に、単年度の売上高経常利益率が3%以上か否かを見る。このとき決算対策で利益を圧縮している場合には、修正して実態の数値で分析しなければ意味がない。

利益が規範値を下回るときは、どの段階で規範値を下回っているかを見る。運送業の規範値は売上高総利益率20%以上、売上高営業利益率4%以上、売上高経常利益率3%以上である。この数値は運送業が健全経営を目指すときの目標値と考えるべきである[注]。

（注）　具体的な計算例

　　　例えば総資本700,000,000円の会社の場合、

- 目標となる売上高は 700,000,000 円 × 1.6 倍 = 1,120,000,000 円以上
- 目標となる営業利益は 1,120,000,000 円 × 0.04 ≒ 45,000,000 円以上
- 目標となる経常利益は 1,120,000,000 円 × 0.03 ≒ 34,000,000 円以上

　➡　規範となる総資本経常利益率から判断すると、経常利益 35,000,000 円以上を目指すべき

　この分析で財務上のウィークポイントが浮き彫りになったら、具体的にコスト改善の実行策を検討する。

　一方、借入負担の検討も大事である。運送業の借入残高は単年度売上高の 50％ 以内が原則である。それを超過すると経営が硬直的になる。早期に借換え等で約定弁済を減額し、単年度のキャッシュフローを上げていかないと資金繰りに追われ、自転車操業に陥ることがある。倉庫や物流センターを保有する会社の場合は超過しやすいが、あくまでも規範値は同様と考えるべきである（図表 2 − 2）。

＜財務面の主な分析指標＞

　成長率……売上、利益　（直近 3 期　増加傾向）

● 図表 2 − 2　決算書（B/S、P/L）の実態

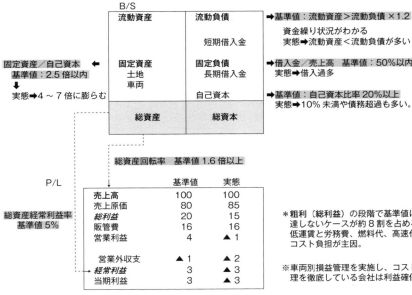

Ⅰ　会社の現状把握

収益率……総資本回転率　　　1.6倍以上
　　　　　総資本経常利益率　5％以上
　　　　　売上高経常利益率　3％以上
安定度……自己資本比率　（目安10％以上　適正値20％以上）
資金繰り状況……流動比率（目安100％以上　適正値120％以上）
借入金額……売上対比　50％以内

（10）　運送業の原価分析

　運送業の標準原価を見る際も、規範値を頭に置いておくことが重要となる。「本来こうあるべき」という数値に対して、「当社の実態はどうか」と見るやり方である。

　図表2－3は、各原価項目の対売上比率である。前述したとおり、運送業では労務費のウエイトが高く、利益水準の良否に直結する。

　減価償却費はリースを活用している会社の場合、年間リース料を減価償却費に含めて比率を分析する。事故費だけは比率で見るのではなく、絶対額で年間100万円以内に収まっていることが基本である。事故費が超過する場合は、事故防止教育の徹底と保険付保の見直しが必要である。

● 図表2－3　売上に対する主な原価比率（適正値）

費　目	原価比率
労務費	車種別の適正値は図表2－1参照　➡　30％〜55％ （参考）　人件費は労務費率＋10ポイント以内
燃料費	地場と長距離で格差あり、10％〜30％、軽油価格で変動あり
高速代	地場と長距離で格差あり、5〜20％
修理代	5〜6％程度
保険料	3〜4％程度
減価償却費	7〜9％程度、リース料込み
事故費	年間計上額100万円以内
販管費	13〜18％程度

燃料費や高速代は、運行形態や月間走行距離に応じて大きく変動する。また、労務費は大型長距離になるほど比率が低下する。このため、燃料費と高速代および労務費をトータルして売上対比の状況を確認する方法をとる。燃料費は、軽油価格の変動による振れ幅が大きいことにも注意が必要である。

さらに修理代は、会社の管理レベルを端的に表している数値であり、この数値が規範値を超過している場合は、管理の方法を見直す必要があ

● 図表2－4　原価構成図

運送原価のめど　(注) 傭車売上および外注費を除き、自車売上を100としてみる。
<4トン地場の場合（地方）>（月間走行 7,000 km 未満）

燃料費	修繕費	償却費	保険料	施設費	その他	労務費	一般金利管理等費	利益
16	5	7	3	2	6	43	16	2

（傭車売上の利益貢献率　1％）

<長距離主体の場合>
　燃料費、高速・フェリー代が膨らみ、人件費等その他費目のウエイトは相対的に下がる。

○労務費率　　地場運送4トン車の場合　43～45％がめど
　　労務費とは　ドライバー、倉庫現業者の　「給料＋福利＋賞与＋退職金積立て」の総額
○総人件費率　50～55％以内がめど
　　総人件費とは　上記＋役員報酬＋事務員給料等　（間接人員は全体の1割以内がめど）

運送業の経営分析では、運送原価の分析が重要。

① 燃料費に問題がある場合、考えられる問題点と改善のための具体策は

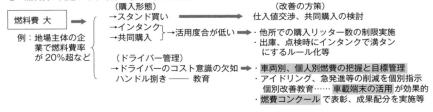

② 高速道路使用料の場合

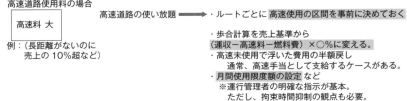

その他の費用についても、問題点の抽出と具体策の検討および対策が必要である。

I　会社の現状把握

る（図表2－4）。

（11） 経営の立直しと賃金の変動費化

　債務超過もしくは赤字が連続するなど、財務が悪化している会社で経営の立直しが急務な場合には、賃金体系を思い切って変動費化（歩合給化）する対策が選択肢に入る。最大のコストである人件費を変動費化しないと赤字を早期に抑えることが難しい。傷口を小さくし、その間に遊休資産の売却やコストの見直しで大胆に財務体質を改善していく進め方をする。

　社員の同意を得ることが困難な場合もあるが、経営危機にあたり会社を継続するため社員に理解を求めることになる(注)。筆者の経験でも倒産寸前の会社に粗利歩合の給与体系を導入し、社員のコスト意識を高め、目標を共有化して経営を持ち直した事例がある。

　（注）　社員の同意を得る際の留意点
　　①　同意を得る際の流れ（フロー）
　　　経営立直しのため大胆に賃金制度を変えるときは、図表2－5のフローで行う。階層別に説明し、意見を聞くなど、通常の賃金改定フローよりもさらに慎重さを要する。
　　②　社員への説明の仕方・話し方
　　　社員説明時には経営の状況について、率直に実態を伝え、理解を得ることが大事である。経営立直し時の賃金改定は、社員に対して賃金の不利益変更が発生しやすく、同意を得るためには経営と雇用の維持にどうしても必要な対策である旨を真摯に伝えることが肝要である。また、社員の生活の安定を維持するため、賃金の低下に限度（1割など）を設けるなど、激変緩和措置が必須である。そのうえで、今後は売上とコスト削減に努力した人が従来以上に処遇される仕組みであることを伝える。
　　　全員の協力が経営改善に不可欠である旨を理解してもらう必要がある。通常の賃金改定とは異なり、「努力した者が報われる制度」「生産性を向上」等の文言を並べて強調しない。あくまでも窮余の策であり、協力していただきたいとの姿勢に徹するべきである。

● 図表2-5　社員の同意を得る際の流れ

```
          経営継続か否かの判断（現状分析と経営環境の見通し）
              ↓                           ↓
          継続決定                      経営断念
              ↓                           ↓
       賃金制度改革の検討           M&A（売却）、廃業の検討
```

　　　　　　（賃金以外も別途検討実施）
　　　　　　　　↓（変動費化の検討）
　　　　変動費化に必要な業績データ収集の可能性判断
　　　　　　　　↓（可の場合）
　　　　　　幹部社員間の意思統一（役員、管理職）
　　　　　　　　↓（幹部社員間で統一できた場合）
　　　　具体的な賃金体系の確定と個人別シミュレーションの作成
　　　　　　　　↓（社員説明資料への落とし込み）
　　　　　　　班長クラスへの伝達と意見聴取
　　　　　　　　↓（班長クラスの理解を得られた場合）
　　　　経営者による全社員への説明および同意書の取付け
　　　　　　　（必ず全員から徴求する）

　以下は、実際に金融機関を交えて再建策を検討し、賃金制度改革を実施した運送会社の実例である。
・従業員へ示す文書（社員説明用資料の一部（実際の例を若干修正））
➡次頁

従業員各位

平成〇年〇月〇日
〇〇運送株式会社
代表取締役　〇〇〇〇

新給与制度の導入・実施について

　皆さまご承知のとおり、当社は平成〇年度より〇〇銀行様ご協力のもと、債務超過の状況を早期に克服するため、経営再建計画を進めてまいりました。この間、昨年〇月に平均〇％の給与削減を行い、〇月には給与体系の一部変更を行いました。しかしながら、前回の給与体系変更後も時間外手当が当初見込み額を超過するなど、人件費抑制の効果を減殺する結果となっております。

　このような状況と当社の業績の現状に鑑み、今般、給与制度を抜本的に改定し、新制度を下記のとおり、導入・実施することといたしました。

　会社の継続と皆様の雇用の維持を図るため、ご理解をいただきますようお願いいたします。

　実施日　　　平成〇年〇月分給与から
　改定の骨子
- 基準内賃金の構成を基本給と業績給のみといたします。時間外、深夜、休日手当等の割増賃金は法定どおりに計算し、支給いたします。
- 従来の家族手当、無事故手当、職務手当、乗務手当、特別手当を廃止いたします。
- 業績給は個人別の運賃収入から燃料費と高速料を引き、車種ごとに設定した歩合率をかけて計算いたします。車種別の歩合率と業績給の計算式は別添資料をご確認ください。

（資料1）
- 給与改定に伴い、給与の大幅な減額を回避するため、改定前の個人別平均給与額を1割以上下回る月には、その差額を補てんいたします。（なお上回る場合はそのままお支払いいたします）

以上

（12） 経営危機の中小運送会社での事例

　K社は、地方の山間地に所在する中小運送会社であった。社長からの相談は「赤字が続き、今後も黒字回復の見込みがないため、廃業を検討している」というものであった。社長の右腕である古参役員は経営継続を主張しており、廃止か継続かで議論をしていた。

　その時、1人の経理担当事務員が「この会社がなくなると困ります。何でもしますから続けてください」と懇願してきた。その地区には企業がきわめて少なく、通勤可能な会社は1社しかなかったのである。

　事務員の話を聞くと、「毎月車両別のコストを管理しています。見てください」と言う。そのデータを見ると、明らかに燃料費や高速代の使い方にムダが見られた。修理代も多い。「思い切って賃金体系を変えて、コスト削減に取り組んでみますか？　社員の同意が必要になりますが」と打診した。「やってみよう」ということになったので、それまでの基本給と歩合給の混合体系を完全歩合給に変更した（出来高給の6割保障と割増賃金支払い実施）。

　歩合給の計算は売上から燃料費や高速代、修理代、タイヤチューブ代等の変動費用を差し引く粗利歩合にした。完全歩合給なので法所定の時間外手当も圧縮された。特筆すべきは、新賃金体系導入に対して1人の反対者もいなかったことである。

　導入後、3カ月で驚くほど著しい財務改善効果が表れた。高速代の使用料が以前の3分の1に激減したのである。燃費も向上し、採算ラインに乗ってきた。それまでいかにムダ遣いをしていたかがはっきりした。賃金改定が社員の意識を変えたのである。

　極端に悪化した財務状態の会社では、賃金を粗利主体の完全変動給に変更すると効果的である。経営危機にあたり選択される賃金体系は、自ずと限定される。

2 取引条件から見た分析

(1) 運賃の決め方は多種多様

　賃金制度改革を検討する際には、現在の取引先（荷主）との取引条件を確認しておくことが必要である。荷主との運送業務委託契約において、運賃の支払条件がどのようになっているか。運賃をどのように決めているのか、の確認である。

　月極め（月単位で運賃を決定する形態）、車建て（1日1台トラック貸切りで料金設定をしている形態）、個建て（配送した貨物の個数で計算する形態）、距離制、トンキロ、立米制、出荷金額に一定のパーセンテージをかけて決定など、運賃の決め方は多種多様である。

　また、運賃の決め方に加えて、待機時間が標準時間を超過した際に追加料金を徴求できるのか否か、高速代は事業者負担なのか荷主負担なのか、作業賃は別建てなのか、といった取引条件の詳細な内容は、インセンティブの基準となる指標を検討する際の重要な判断材料になる。

(2) 取引条件は歩合の決定基準に影響する

　中小運送業では多くの場合、収受運賃に直接連動する歩合基準を選択するほうが経営安定化につながる。できれば単純に売上だけで歩合給を決めたいと考える経営者が多いのはそのためである。

　しかしながら、売上ベースの歩合給が最も良いとも限らない。取引条件次第では歩合給の計算方法を見直す必要がある。例えば高速代を荷主が負担してくれる契約の場合は、基本的に高速代の節約を徹底する必要性が薄くなる。（売上－高速代）×20％という歩合計算をしていた会社は、高速代の節約に対するインセンティブを付ける必要がなくなる。

　さらにいうと、月極めで運賃が決定している業務に対して、売上をベースに計算した歩合給を支給する意味はほとんどないといえる。賃金制度を構築する際に荷主との取引条件をよく確認せずに進めると、経営改善とは無縁の体系に陥る可能性がある。

(3) 荷主による運賃水準の違いに注意

　収受運賃の水準は、賃金の水準を検討する際、特に重要な情報になる。同様の業務であっても、取引する荷主により運賃水準が大きく異なる場合がある。

　収受運賃により支払える賃金の限度額も決まる。つまり、他の業務と同様、社内一律の歩合率を適用していた場合、運賃水準によっては特定の荷主を担当したドライバーだけが高給になるという事態が生じる。

　実運賃を使って歩合計算をしている会社は、よく注意しないと社内に不公平感を引き起こす原因になりかねない。

3　組織から見た分析

(1)　将来のあるべき組織を検討して賃金制度をつくる

　賃金制度を新たに構築する場合、組織の現状をよく把握しておかなければならない。会社内にどのような部門があり、管理体制がどうなっているのか。各組織の組織長は誰なのか。傘下に何人の社員が所属しているのか。その部門の具体的な業務と社内における役割は何なのか。現在の組織体制に問題はないのか。これらの情報は、賃金制度構築を進める前に確認し、検討すべき事柄である[注]。

　そもそも、賃金制度改革は将来のあるべき会社の姿に向けて、新しく構築するものである。つまり、現在の組織に何らかの問題があり、改善すべき課題があるのであれば、組織の見直しを先に行い、新組織の姿に沿った賃金制度を構築しなければ意味がない。現在の組織は賃金制度改革にあたり、必ずしも所与の条件ではないのである。

　　(注)　運送業の組織は他業種に比べて、シンプルでフラットである。経営者と現場管理者との距離は近い。運送業で強い組織をつくるためには、現場管理者に権限を委譲し、5人程度のチーム単位でドライバー等を管理する責任体制が必要である。理想は1人1人のドライバーがオーナードライバーの意識で車両管理やコスト管理、顧客対応を行う

ことである。

　ただし、それでは個人主義に陥るので、チームワークを統率するのが現場管理者の役割となる。現在の組織は運送業の組織として適切なのかをチェックする必要がある。組織の管理範囲の見直し、生産性が低い部門の整理、新規開拓や経営戦略の推進部署の設置、現管理職の資質を再確認、若手の登用を進める──等の観点で組織を見直す必要がある。

　図表2－6は、組織確認用のチェックシートである。課題があれば問題を抽出し、具体的に対策を検討すべきであろう。

● 図表2－6　運送業の経営組織確認チェックシート

確　認　項　目	課題あり	将来の課題	課題なし
売上や利益が伸びない部署はあるか？	□	□	□
同業者に比べ生産性が低い部署はあるか？	□	□	□
新しい企画や取組みを推進する部署はあるか？	□	□	□
荷主開拓を推進する部署はあるか？	□	□	□
事故やミスが集中する部署はあるか？　その原因は？	□	□	□
退職者が集中する部署はあるか？	□	□	□
コミュニケーションに問題がある組織ではないか？	□	□	□
荷主のニーズを迅速に把握しているか？	□	□	□
管理者は配下の社員全員を管理できているか？	□	□	□
若手への権限委譲はできているか？	□	□	□
管理者は育っているか？	□	□	□
将来分社やM&A等、組織再編の予定はあるか？	□	□	□

（2） 組織の見直しと賃金制度改革を同時に実施した事例

　組織改革と賃金制度改革を同時に進めた会社の事例がある。
　L社は現社長が創業者で、近年飛躍的に社員と保有台数を伸ばしてきた会社である。社長の前向きな性格と荷主の要望にすぐに応える経営姿勢で急成長している。社員数と車両台数が増える一方、社内制度や管理者の育成が追い付かず、数人の幹部社員で100名を超える社員を管理していた。
　賃金体系は実質完全歩合給であり、売上で計算した給与を基本給と時間外手当に振り分けて支給していた。
　また、組織はドライバーが所属する運送部門のほかに倉庫部門があり、それぞれに管理職が各1名配置されていた。なお、配車係は管理職に位置付けていなかった。
　経営会議は社長と総務担当の専務、および各部門長の2名が参加し、4名ですべての経営事項を決定していた。社長は荷主に積極的に物流提案をするアイデアマンであり、1人で何役もこなす仕事振りである。
　この状況下で今後の経営発展を果たすため、以下のとおり組織改善と賃金制度改革を進めた。
　組織改革として、社長の直下に「経営企画室」を設置。併せて倉庫部門の名称を○○倉庫から「○○商品管理センター」に変更した。また、運送部門は業務部から「運輸営業部」に変更した。
　この会社は従来、ドライバーの中途採用とパートの倉庫作業員だけに頼り、新卒採用をはじめとした若手社員の採用に取り組んでこなかった。人手不足の環境下で、今後は若手社員の採用が企業成長のカギを握る。若手社員の採用定着を促進するため、経営企画室と商品管理センターで人材を募集し、将来の幹部社員を育てることにした。
　さらに、今後は物流提案を基軸とした提案営業に取り組むため、社長の補佐役兼営業として社員を採用することにした。「運輸営業部」としたのは、これからのドライバーにはセールスドライバーとしての意識と行動が求められるからである。また、求人面での効果も考慮した。運輸営業部内ではドライバー5人ごとに1名の班長を任命し、班制度をス

タートさせることにした。現場で安全管理、健康管理、および指示事項の徹底を進めるため、および若手へのキャリアプランの明示が目的である。

賃金制度はコンプライアンス面を考慮し、賃金構成を大幅に見直すことにした。基本給＋歩合給＋割増賃金の体系に変更し、残業代の支給を明確にした。モチベーションを維持しつつ、将来のトラブルを防止するためである。また、班長をはじめとして管理者を増加させることに伴い、役職手当の増設等の体系変更を行った。

そのほかに、ポイント制退職金新設の検討も行い、経営の健全な発展を目指すことにした。

（3） 組織改善のポイント

運送業における組織の見直しで多いのは、次の内容である。

現在の組織では管理者が少なすぎて統制が取れなくなっている場合、将来に向けて管理職の育成を行うと同時に、管理組織の見直しを行うことが多い。管理部門が実態に合わない場合、部門の業務内容を分析して2つに分割するケースなどもある。

また、若手を育成するために部門長の下にサブ的な役職を新設し、管理者として育てていくこともある。主任やリーダー等の役職である。

さらに、経営者の事業承継対策が未了の場合に、持株会社化や分社化を検討する場合もある。その場合は、近い将来に大きく社内組織が変わる見込みのもとに、将来を見据えた賃金制度を構築することになる。組織は賃金制度と密接に関連しているのである。

組織を分析して現状組織のままで問題がないとなれば、現組織を前提とした賃金制度を組み立てていくことになる。ただし、その場合でも現組織の体制変更はせず、班長制度を新たに導入するということもある。

組織を見直す場合には、管理職数の変更や職務内容の変更等で人件費予算の修正や評価制度の内容改定等の見直しが必要になるが、班長制度導入の場合でも班長手当の新設等で人件費見込額に修正が生じる。そして組織上の権限や責任を明確にする以上、班長手当支給対象者に具体的に何をしてもらうかを決めておく必要がある。

一般的には、班長に対して、①班員の健康管理や車両管理のチェック報告、②会社からの伝達事項を班員に伝える役割、③事故防止に協力して取り組むリーダー役、等を役割業務として課すことが多い。新たに賃金制度を改革する際には、制度の社員説明と同時に班長の職務内容について明示する準備が必要である。

　また、グループ会社が存在する場合は、グループ会社間で人事交流をするのか否かを決定しておくことが大事である。特に、業務内容が大きく異なる事業に出向してもらうケースでは出向後の賃金をどうするのか、事前に検討しておく必要がある。

　賃金制度が異なる事業所間の異動も同様である。あらかじめ人事交流を見越した賃金体系（例えば、歩合部分を極力抑え目に設定し、担当業務の違いによる大幅な賃金格差を解消するなど）にしておくこともよいし、賃金制度自体は各事業所の実態に合わせて策定し、グループ会社へ異動後は出向先の賃金体系に準じて給与計算をしながら、出向元での給与を下回らないよう保障する仕組み[注1]等も選択肢に入るだろう。

　いずれにしても、組織上想定される事態を予測して体制を準備しておくことが肝要である。

　また、組織上、特に配車係の位置付けは明確にしておく必要がある。現業部門の組織に所属させるのか、本社管理職として位置付けるのかを明確にする必要がある。待遇面での明確化と人事制度上明確な位置付けがない場合、若手ドライバーが将来のキャリアプランを描きにくくなる。運行管理者等の資格取得にチャレンジして、将来的に管理職への道を指向したいと考える新卒社員や若手社員に明確な道筋を示さなければならない。

　一般的には現業組織に所属しつつ、管理職に準ずる立場に位置付け、評価者補助者として人事考課にも一定程度関与することで管理業務遂行者として処遇するケースが多い。配車係の技量により会社の利益の2割程度が変動する大事な職務であり、役職手当等で明確に処遇することが求められる。

　運送会社によっては傭車取引を行う協力会社が多く存在し、協力会社管理に注力しているケースもある。大手運送会社では専任者がいるケー

スもあるが、中小運送業では管理職もしくは運行管理者が兼任で担当していることが多い。協力会社が多数ある会社の場合は、賃金制度構築の際に、その担当者の賃金に業務負荷の報奨部分が反映されるよう適切な賃金水準を考慮するとよい(注2)。

以上述べたとおり、組織の分析は賃金制度構築にあたり直接関連する重要な事項である。

(注1) 出向元での給与を下回らないよう保証する仕組み

例：出向元の賃金……基本給＋諸手当＋割増賃金→平均 300,000 円
　　出向先の賃金……基本給＋歩合給＋割増賃金→ 250,000～350,000 円

の場合、月々の賃金計算は出向先の歩合給体系で計算し、半期の支給実績が 300,000 円× 6 カ月＝ 1,800,000 円を下回る給与だった場合に、半期に一度の賞与で精算する仕組み

(注2) 協力会社管理担当者の手当

人手不足および車両不足の時代に入ると、協力会社との良好な関係の維持は事業の円滑な運営に重大な影響を及ぼす。以前のように元請けが強い立場でものを言えた時代は終わろうとしている。協力会社管理を担当する管理者は本来業務のほかに、協力会社との会合の設定や協力会の運営等に手間をとられ、雑務が増える。その業務負荷に対して「協力会社管理手当」もしくは「特殊業務手当」等の手当を追加支給することで責任と役割が明確になり、兼務する管理者のモチベーションも維持される。金額は 10,000 円程度が妥当であろう。

4　運行形態から見た分析

賃金制度改革を進める際には、当然ながら会社の運行形態がどうなっているかの現状把握が不可欠である。具体的に取扱貨物は何なのか、荷主はどこなのか、主要荷主の取引ウエイトはどの程度なのか、保有する車両は何台で車種は何なのか、配送エリアはどの範囲なのか、長距離輸送はあるのか、貸切りなのか、スポットはあるのか。

これら運行形態の確認事項は、賃金制度の設計内容に直結する。運送

業の業態は多種多様であり、賃金制度はその会社の実態にマッチしていないとうまく機能しないからである。例えば、長距離ドライバーに適する賃金体系と地場ドライバーに適する賃金体系はまったく異なる。農産物を運んでいるのか、食品なのか、木材なのか、機械なのか、新車なのか、庭先作業はあるか、設置作業はあるか——など、作業の内容を確認することが賃金体系を決めるときに大事なのである。

　賃金体系は、会社側の視点だけで構築するわけにはいかない。賃金を受け取る側（社員）の納得性が必要である。庭先作業が一番つらいと思って働いている社員に対して、走行距離に応じて賃金を決める制度を構築すると、「車の運転はまったく苦にならないが、作業がきつい」と社員の反感を引き起こすことになり、不満や批判、さらには離職につながりかねない。

　ドライバーが最もやる気をなくすのは、会社が自分の仕事を理解していないと感じた時である。また、いくらがんばってもそれが評価されず、賃金に反映されない時である。積卸し作業が少なく、走行距離が長い社員のほうが、戸外での手積み手降し作業で毎日苦労している自分よりも高い給料をもらっているとわかった時に、不満が爆発する。つまり、賃金体系を策定する時は、業務ごとの運行形態を十分把握し、ドライバーが納得する計算基準を示さなければならないのである。

　例えば、Aというドライバーの業務がバラ積みで手積み手降しがあり、時間指定があるために日々焦りながら労働密度の高い業務をこなしていたとする。一方、Bというドライバーはフォークを使ったパレット積みで配送先も高速を使って１カ所だけ、ただし荷主の物流センターで順番待ちの待機時間があり（実態はほぼ休憩状態）、労働時間だけは長いと仮定する。この時、労働時間だけを見て給与を決めた場合、Aドライバーは到底納得しないだろう。さらに、Aの仕事が習熟しているドライバーでないとできない業務であり、新人のBには任せられない業務だった場合はなおさらである。その場合、業務に習熟して会社に貢献しているAドライバーの仕事に報いる賃金制度を検討しなければならない。

　人を雇用し、管理するとはそういうことである。単純に給与を払えば

よいというものではない。運送会社の賃金制度構築が簡単ではない理由は、運送業独特の複雑な運行形態が存在するからである。

5 労務管理面から見た分析

(1) 労働時間の実態を見る

　賃金制度は人事制度全般と深い関わりを持ち、また日常の勤務実態、時間管理の手法や社員教育の状況と密接に関連している。よって、労務管理面の実態分析は賃金制度改革の入り口で欠かすことができないプロセスである。

　労務管理の実態を見るときに最初に確認する事項は「労働時間の実態」である。運送業は長時間労働が常に問題となる業種であり、労働時間の抑制はもはや避けて通れない。

　脳・心臓疾患による労災認定の基準は、直近月に100時間以上の時間外労働もしくは複数月にわたる80時間以上の時間外労働がある場合とされている。運送業はこの労災認定を受ける件数が最多の業種であり、業界全体が取り組むべき大きな課題となっている。しかも人手不足の時代に突入し、今後も人材確保を図るためには労働時間を抑制しなければならない。

(2) 労働時間抑制につながる賃金改革を

　賃金制度の構築は、現状を是認して進めるものではない。仮に長時間労働の実態が認められたなら、それを最優先で改善する対策を打たなければならない。賃金制度の構築はその後でもよい。もしくは、同時並行的に進めればよい。

　賃金制度改革は、単に賃金の支払い方を決めれば終わりというものではなく、真の目的は会社が健全に成長し続けるための改革である。

　長時間労働の抑制を進めるためには、まず経営者が社内外に明確な方針を打ち出すことが必要である。そして、管理職を集めた会議の場で現状の問題点を全員で抽出し、具体的な改善策を新賃金制度のスタートま

でに時間を区切って実行すべきである。

(3) 労働時間短縮に取り組んだ事例

　筆者が関与した会社で月間残業時間を60時間以内にする目標を立てて改善を進めた事例がある。

　M社では、毎月100時間超の残業をしている者が数名存在し、月80時間超の残業をしている者は多数存在した。荷主の指定時間や待機等の事情もあり、労働時間短縮は一朝一夕に達成できる課題ではなかった。

　しかし、長時間労働の抑制を目指さなければ、将来にわたり事業を健全に継続できないとの強い信念をもって取り組んだ。最悪の場合、荷主との契約解除も覚悟した。

　賃金改定は、労働時間短縮の推進と並行して進めた。現状の労働時間を所与の条件として賃金改定を進めるのではなく、労働時間改善後に最も良い体系を想定して構築することにした。時間稼ぎをなくすために歩合給は一部残し、時間短縮に努力した者を評価する仕組みを導入した。

　長時間労働の是正は大変難しい課題だが、一歩ずつ進めなければならない。

(4) 適正な労働時間管理の実施が必要条件

　長時間労働の是正より最も問題なのは、労働時間管理をしていない会社である。

　現状、時間管理を行っていないのであれば、賃金制度改革以前に時間管理の即時実行が必要となる。これはコンプライアンスの問題ではなく、会社が継続して存在するための必要条件と位置付けるべきである。

　厳密にいえば、時間管理を数カ月間実施した後でないと賃金制度の設計に移ることはできない。なぜならば、時間外手当等の割増賃金の支払いにどの程度の資金を見込めばよいか、まったくわからないからである。残念ながら、運送業の一部の会社は、まだ労働時間管理を適正に実施していない現実があり、憂慮される。

（5） 待機時間の実態を確認する

次に確認するのは労働時間に関連し、待機時間の有無もしくは待機時間の長さである。これは賃金に大きく影響するので、荷主および業務ごとに現状を把握しなければならない。

なお、手待ち時間か手空き時間かで、法律上労働時間になるか休憩時間になるかが決まる^(注)ので、単に待機時間と一括りにするのではなく、その実態を分析すべきである。

また、デジタルタコグラフを活用して時間管理を行っている会社の場合は、こまめにボタン操作を行うよう、ドライバーに注意指導をしなければならない。デジタルタコグラフと勤怠管理ソフト、賃金管理ソフトを連動させて管理できる仕組みを構築しておくと、賃金制度改革を実行する段階で、非常に効率的な管理が可能になる。

（注） 手待ち時間と手空き時間
- 手待ち時間……荷待ち等の待機、順番待ち等で完全に自由な休憩をとることができず、一定程度拘束している時間 ➡ 労働時間になる。
- 手空き時間……勤務の途中に生じた空き時間で、次の作業時刻が決まっており、それまでの間、完全に自由な休憩をとれる時間 ➡ 休憩時間になる。

（6） 人事制度・評価制度との関連

続いて現状分析すべき項目は、人事制度と評価制度の現状把握である。

中小運送業の場合は、人事制度といえるほど体系だった仕組みを構築している会社は少ない。しかし、中堅規模以上の運送会社では、等級制度や段階的な役職位の運用を実施しているところがある。このような会社で賃金制度改革を進める場合は、人事制度の内容を分析しなければならない。分析の観点は、現在の人事制度のまま新賃金制度を構築してよいのか否かである。

等級制度の運用が年功序列に陥っていたら、まずは人事制度そのもの

の改善を検討しなければならない。停滞した人事制度のうえに新賃金制度を乗せてもうまく機能しないからである。

3PL事業者[注]のように商社的な運用の会社を除き、一般的な実運送会社で等級制度を導入する場合は、等級数を6等級までに設定する。それ以上等級を増やしても、年功序列の傾向を助長するだけなのである。

ドライバー職の等級は2等級までの範囲で設定する。定型ドライバーと熟練ドライバーの2種類で運用するほうがよい。人事制度の現状分析を行って改善事項があれば、賃金制度構築に合わせて同時に改定する計画で進めるとよい。

(注) 3PL事業者とは

3PLはサードパーティー・ロジスティクス(third-party logistics)の略である。

3PL事業者とは、荷主企業のロジスティクスを物流改革の提案から運営まで包括的に受託し、荷主企業の立場で物流費削減、供給体制の迅速化、売上拡大等、広い視点で物流効率化を実現する形態の事業者と定義される。単なる配送の一括請負とは異なる。一般の実運送会社と異なり、物流提案力と企画力が問われるため、SEや企画職、営業職等が在職し、組織運営も商社的な色彩が強い。

(7) 休日・休暇との関連

近時、人手不足対策の観点から、休日や休暇の設定を見直す会社が出てきた。特に若年者を採用したいと考える会社が休日の増加や休暇制度の新設に取り組んでいる。

もし、休日や休暇制度の見直しを検討するのであれば、賃金制度改革と同時に進めるとよい。賃金制度改革は、実行段階で一部に不利益変更の問題が発生するケースがある。もちろん、新制度は社員の同意を取り付けた後に実施するのであるが、新制度移行時点で不利益が生ずる場合に備え、代償措置の1つとして休日増加や休暇制度の新設をアピールすることができる。広く人事労務管理の整備と位置付けて同時に実行するとメリットがある。

なお、休日増加は所定労働日数の減少につながり、賃金単価が上が

る。賃金単価を持ち上げないためには、休日を増やすよりも、年次有給休暇の計画的付与によりフレッシュアップ休暇（年休を消化して必ず休める長期休暇）を5日間程度新設するほうが経営としては効率的である。年次有給休暇の取得義務化を見据えて対策を検討しておく必要があるだろう。

（8）　教育システムとの関連

　人事制度や休日、休暇の現状把握と合わせて分析したいのは、教育システムの現状である。

　運送業は安全や事故防止の分野に関しては法の定めがあるため、大抵の場合、教育を実施している。しかし、安全以外の分野（顧客対応や管理職養成等）で体系立った教育を実施している会社は少ない。

　賃金制度改革を進める際には、教育制度の構築を同時に行うと効果的である。賃金制度と教育体系を連動させると、人材育成のメリットが高まる。例えば、班長に任命されたらリーダーシップ、指導力強化に関する教育を実施、管理職になったら計数管理や統率力、営業推進に関する管理者教育を受ける――などと決めておくとよい。

　教育体系を社内外に明示することで求人対策に活用できる副次的メリットもある。賃金制度で役割に応じて昇給する仕組みをつくり、教育受講の義務を課すことで自覚を促すことができる。賃金と教育の関連は、要検討事項である。

（9）　定年後再雇用の実態と賃金

　人材不足を背景に、高齢者雇用の問題がクローズアップされている。法律の定めもあり、定年後に嘱託等で再雇用し継続して勤務してもらう会社が多い。運送業において、特にベテランドライバーの経験は貴重な財産である。

　運送業では、定年後にドライバーの賃金を以前の7～8割程度に低下させる会社が多い。他業種では3～6割程度に大きく低下させる会社が多いのに比べ、運送業における定年時の賃金低下幅は少ない。高齢者に今後も戦力として活躍してもらうことを考えるとき、賃金をどうしたら

よいかという課題がある。

　ちなみに筆者は、定年後も現役社員と同等に処遇すべきと考えている。年齢を理由に賃金を一律に低下させるやり方はモチベーションを下げるだけで会社のメリットは少ない。定年後も定年前と同じ歩合給制度を維持すべきと考える。今の高齢者は以前の高齢者とは違う。体力も気力も以前より10歳は若い。高齢ドライバーは長年勤務した会社への愛社精神もあり、やるべきことがよくわかっている。

　人こそが財産だと考えれば、雇用継続給付金等の助成金ねらいの低額固定賃金よりも本人のやる気を引き出す賃金体系を選択すべきである。働き方をセーブするときは健康面や本人の希望を考慮して車種を変更したり、配車を組めばよいことである。それで同一労働同一賃金の問題もクリアできる。賃金制度の構築にあたり、定年後再雇用者の処遇も検討しなければならない。

6　タコグラフや運転日報等のデータから見た分析

　運送業には「自動車運転者のための改善基準告示」（以下「改善基準」という）が適用になり、この改善基準に基づいて国土交通省の行政監査が行われる。賃金制度改革にそのまま直結するものではないが、改善基準の順守状況は運送業の経営存続にとって重要な意味を持つため、状況把握はしておかなければならない。

　現在の状況を掴むために確認する書類が、タコグラフと運転日報である。最近は、デジタルタコグラフから出力される運転日報で管理する運送会社が増えている。デジタルタコグラフの運転日報は一目で正確に運行状況が把握でき、大変便利なものである。

　改善基準には、例えば1日の総拘束時間が最大16時間を超えていないか、休息期間は1日に8時間以上与えているか、1日の運転時間が2日平均で9時間を超えていないか、連続運転時間が4時間を超えていないか（30分もしくは10分以上断続計30分以上の非運転時間があればよい）、1カ月の総拘束時間が293時間（協定を結べば320時間まで可）を超えていないか——などさまざまな基準があり、累積した違反件数に

応じて行政処分が下される。

処分は車両停止処分のほか、営業停止、同一陸運局管内すべての事業所が営業停止、事業許可、取消し等、厳しい処分であり、日常の労務管理と安全管理を疎かにすると重大な事態に陥る（図表2－7〜2－9）。

改善基準の順守度を把握することで、今後の改善点が明確になり、その是正措置として現荷主との取引見直しや運行計画の見直し、労働時間抑制等が必要になることもある。状況によって賃金制度の見直しに影響することもある。

● 図表2－7　行政監査〜行政処分等の基準の改正

輸送の安全確保に支障を及ぼす恐れの大きい重要な違反（以下「重要な法令違反」という）や、法令違反を隠蔽する等の悪質な法令違反（以下「悪質な法令違反」という）については、処分量定を引き上げる一方、悪質とはいえず警告により是正を促すことができる記録類の記載不備等の軽微な違反（以下「軽微な違反」という）について、行政処分に留める（再違反を除く）。
施行：平成25年11月1日

<改正前>
1つの法令違反で受ける最大の事業停止処分：「14日間」

「悪質、重大な法令違反」の処分を厳格化　　事業停止「30日間」

※処分厳格化により新たに追加された事業停止（30日間）については、平成26年1月1日から適用

「悪質、重大な法令違反」とは
① 運行管理者の未選任
② 整備管理者の未選任
③ 全運転者に対して点呼未実施
④ 監査の拒否、虚偽の陳述
⑤ 名義貸し、事業の貸渡し
⑥ 全ての車両の定期点検整備が未実施
⑦ 乗務時間基準の著しい違反

事業停止
30日間
（違反点数30点）

「告示違反が1カ月間で計31件以上あった運転者が3名以上」確認
かつ、「過半数の運転者について拘束時間の未遵守」確認

（出典）　関東運輸局自動車運送事業安全管理室公表データを加工

● 図表2-8 拘束時間・休息期間・運転時間

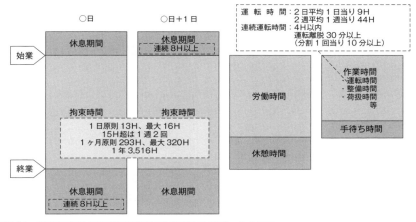

（出典） 関東運輸局自動車運送事業安全管理室公表データを加工

● 図表2-9 貨物自動車運送業者への違反指摘事項

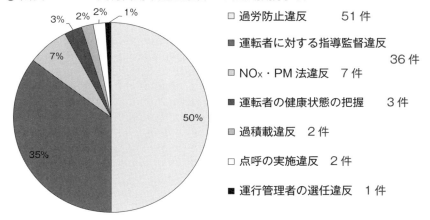

平成26年6月30日現在における関東運輸局管轄区域に係る貨物自動車運送事業者の違反点数付与事業者のうち、累積点数21点以上の102事業者の統計

（出典） 関東運輸局自動車運送事業安全管理室公表データを加工

7　安全への取組みから見た分析

　分析の観点は、①事故発生度合と事故防止対策、②安全教育体制、③事故と処遇の関係――である。

　事故防止は、運送業の永遠の課題である。事故を防ぐ対策はあらゆる手段を講じて検討しなければならない。当然ながら、賃金制度の仕組みにも組み入れる必要がある。そのためには現状の事故発生度合と現状の事故防止対策を把握しなければならない。

　事故防止を推進するため、評価制度の中で安全行動を評価する項目を導入し、賃金に反映する。例えば、デジタルタコグラフの安全運転評価点をあまり活用していないのであれば、賃金制度構築を機に評価手当の中で安全運転評価点を反映する仕組みを導入することなども考えられる。安全行動に積極的に取り組み、成果を上げれば報われる制度にすることが大事である。

　なお、賃金制度だけでなく、無事故表彰等と組み合わせてモチベーションを高める検討をするとよい。

　一方、事故賠償金の運用については、ドライバーに過度な負担を強いたり、コンプライアンス上の問題を抱えている会社もあるので、賃金制度改革を進める中で改善する必要がある。

Ⅱ 賃金制度の現状把握

1　社内規程や労務管理帳票等の確認

　賃金制度を検討する場合には、当然ながら現在の社内規程類を確認して分析することが必要になる。この場合、賃金に関する規程だけでなく、併せて関連する諸規程をよく分析すべきである。

2　就業規則

■主な確認事項
　就業規則は、会社の労務管理において「会社の憲法」ともいうべき重要な規程である。賃金制度の見直しに際して、まず就業規則に規定された内容を確認する必要がある。
　特に、賃金制度に関連して確認を要する事項は、①試用期間と賃金、②入社時の徴求書類、③勤務時間、休憩、休日の設定、④時間外労働に関する事項、⑤休暇の設定と賃金、⑥休職の規定と賃金、⑦賃金規程、退職金規程等、別規程の有無、⑧正社員以外の社員区分と賃金、⑨災害補償特に法定外補償の有無、⑩損害賠償の内容──等である。
　就業規則に記載されていない内容は別途聴取する必要があり、確認すべき事項の各ポイントを列記すると次のとおりである。
① 試用期間と賃金
　試用期間の長さとともに、試用期間中の賃金と本採用後の賃金との格差を確認する必要がある。試用期間中の賃金の取扱いについては就業規則に記載されていないことが多いので、求人票や労働契約書等で実態を確認する。
　なお、運送業の試用期間は一般的に3カ月が多い。「本人に通知のう

え期間を延長することがある」旨の記載をすることもある。

　近年、運送業ではドライバー不足の影響もあり、入社後すぐに退社し、トラブルに至るケースが増加している。このため、試用期間中の労働条件について明確に取り決める重要性が増している。なお、運送業は法律により試用期間の当初 14 日間は乗務員として選任することができない。

② 　入社時の徴求書類

　入社時に必要な徴求書類が適切に記載され、そのとおりに運用されているかの確認である。特に、誓約書や保証書、運転記録証明書等の書類が徴求漏れになっている運送会社が多いので、よく確認しておくとよい。

　運転記録証明書は、過去 5 年間の事故違反歴の把握に利用する重要書類であり、運送会社は事故歴の把握が義務化されている。

③ 　勤務時間、休憩、休日

　始業終業時刻や休憩の設定、休日、変形労働時間制の採用等について確認する。

　休憩の設定は、ドライバーの時間管理において重要になるので、実態に応じて適正に設定されているかを確認するとよい。運送業の休憩時間は 3 時間以内と決まっており、中小運送会社では通常昼に 1 時間、午前午後に各 15 分程度の休憩を設定する会社が多い。

　また、運送業では事務職と運転職の就業時間を分けて記載するケースも多く見られる。「運転職は運行表に基づき個別に指示する」と補記するケースが一般的である。

　さらに、中小運送会社は 1 カ月単位の変形労働時間制を採る会社が多いが、主要荷主（メーカー等）の勤務体制に合わせて休日を設定する 1 年単位の変形労働時間制を採用する会社もある。変形期間は、年間の荷動きを見て決定するとよい。

④ 　時間外労働

　時間外労働の有無と時間管理の方法について確認する。

　運送業は一般的に残業時間が多い。長時間労働抑制が喫緊の課題である。時間管理はタコグラフと日報で行っている会社が多く見られる。

運送業でよく見られる問題点は、ドライバーが配車係の出庫指示時間より早く出庫し、自主的な早出がそのまま拘束時間になり、時間外手当の対象となるケースである。道路が込まないうちに走行したい、積荷の順番待ちを縮めたいなどの理由が多い。この場合は、指示どおりに出庫するよう都度注意する。どうしても早めに出たいドライバーには、到着後予定時間までの休憩または仮眠を明確に指示し、日報にも記載するよう徹底する必要がある。

　一部の運送会社では、残業管理の一環で上司の承認を得て申告する残業申告制を導入している。規定内容とともに、運用の実態や問題点を確認することが必要である。

⑤　休　　　暇

　休暇の種類およびその内容と賃金の取扱いを確認する。

　休暇が他社比優位な状況であれば、求人募集のうえで有利である。賃金制度と併せて総合的にアピールすることが可能になる。

　また、休暇が他社比劣位であれば休暇の増加と賃金改定を同時に行うことで改定時に社員の合意を得やすくなる。前述したとおり、計画年休を活用してフレッシュアップ休暇を5日間程度新設する会社もある。

⑥　休　　　職

　休職の規定は休職期間と休職期間中の賃金の取扱い、社会保険の本人負担分の取扱い等について確認する。運送業の場合、休職期間は他業種より短めに設定されている会社が多い。

　なお、トラブル防止の観点からメンタルヘルス対策の記載があるかを併せて確認するとよいだろう。

⑦　別規程の有無

　賃金規程や退職金規程が別途定められているか否かの確認である。

　中小運送会社の中には就業規則中に賃金の記載がなく、しかも別途賃金規程を作成していない会社も時々見られる。退職金についても規程内容と実態が異なる会社がある。規程がなく、慣例で支給している会社等である。

⑧　正社員以外の規程

　正社員以外の区分が存在すれば、その人たちの労働条件や賃金制度も

確認しておかなければならない。パートや嘱託の人たちに適用される規程が存在しない会社も時々見受けられるので、その場合は賃金制度改革と同時に整備する必要がある。

物流センターを所有し、運営する運送会社の場合は、パート社員が会社の重要な戦力として活躍しており、非正規雇用の人たちの処遇見直しも併せて検討する必要がある。同様に、ドライバー不足で高齢ドライバーの戦力化が重要になっている。定年後再雇用者の労働条件も見直す必要があるだろう。

⑨　災害補償

災害補償に関しては、特に法定外補償(注)は社員の福利厚生につながる有利な情報であり、求人対策にも活用されるため、よく確認しておかなければならない。賃金の処遇と併せて総合的に処遇を検討することが大事である。

（注）　法定外補償

　労災保険等の法定給付は被災労働者や遺族の生活に十分な金額とはいえず、法定給付の不足分を会社の費用負担で補う場合がある。このような福利厚生制度が法定外補償である。運送業は事故等のリスクがあるため、現業社員のニーズが高い。障害補償や遺族補償、葬祭料等に加え、休業中の生活費を補填する休業補償や療養にかかる実費と法定給付の差額を補てんする療養補償等がある。

⑩　損害賠償

損害賠償の内容は、規程とともに実態の運用を確認しなければならない。運送業では、事故発生時の修理代負担の問題が労務トラブルにつながりやすく（**第4章Ⅲ**「事故賠償金制度の問題点」(p.183)で後述）、注意が必要である。重要な事項は賃金制度と併せて見直しを検討しなければならない。

　　　　　　＊　　　　　　＊　　　　　　＊

以上は、就業規則に関連した主な確認事項である。

なお、就業規則を確認する際は、併せて労働契約書の記載内容も確認しておこう。個別に明示する内容に誤りや漏れがあると、後日のトラブルに発展しやすい。本人の確認を明確にするためには、雇入れ通知書よ

りも本人の署名を取る労働契約書のほうが望ましい。運送業独特の規定内容(注)に留意し、現在の就業規則や労働契約書に修正すべき点があれば、賃金制度見直しと同時に見直しておくとよい。

(注) **運送業独特の規定内容～重要なポイント**
・割増賃金を運行手当の中に組み入れ、もしくは定額で支給するなど、運送業によく見られる賃金の支払い方をする場合は、コンプライアンスに十分留意するとともに、規程と労働契約書等にその旨を明確に記載し、全員から合意を得ておく必要がある。
・故意または過失による事故の場合、損害賠償を求めることがある旨を規程と労働契約書に明記し、本人の確認をとり、後日のトラブルを防止する必要がある。
・改善基準告示の内容を労働契約として規程に列記する場合には、基準の改定が行われる都度、変更届け出を実施する必要がある。(例：フェリー使用時の拘束時間と休憩時間の見直し等)

■ 就業規則の例〈抜粋〉

※就業規則全文ではない。

就 業 規 則

第1章　総　　則

（目　的）

第○条　この規則は、株式会社○○（以下「会社」という）の社員の服務規律、労働条件その他の就業規則に関する事項を定めたものである。

（適用範囲）

第○条　この規則において、社員とは第○章第○条の手続きを経て会社に採用された者をいう（第○条に定める試用期間中の社員を含む）。パート、契約社員、嘱託等、期間の定めのある者については、別に定める規則による。

第2章　採　　用

（試用期間）

第○条　新たに採用した者については、採用の日から3カ月間を試用期間とする。ただし、特殊技能者または経験を有する者については、試用期間を短縮することがある。また事情により、本人に通知のうえ、試用期間を延長することがある。

2　試用期間中または試用期間満了の際、以下のいずれかに該当し引き続き社員として勤務させることが不適当と認められる者については解雇する。

　(1)　採用後14日以内または試用期間中の一賃金計算期間中に、正当な理由のない無届欠勤が2回以上あるとき。

　(2)　採用後14日以内または試用期間中の一賃金計算期間中に、正当な理由のない遅刻や早退が3回以上あるとき。

　(3)　上司の指示に従わない、同僚との協調性がない、業務への熱意が感じられないなど勤務態度が悪いとき。

　(4)　本就業規則に違反したことを上司から指摘されても改めないとき。

(5) 必要な教育を施したが、業務を習得する能力が足りないため会社が必要とする技術・能力に達せず、改善の見込みも薄いとき。
(6) 第5条に定める提出書類を、正当な理由なく所定期日までに提出しなかったとき。
(7) 会社への提出書類の記載事項または面接時に申し述べた事項が事実と著しく相違していたとき。
(8) 業務遂行に支障となるおそれのある既往症を隠していたことが判明したとき。または健康状態が悪いとき（精神の状態を含む）。
(9) 第○条に定める懲戒解雇事由または第○条に定める解雇事由に該当したとき。
(10) その他前各号に準ずる程度の事由があるとき。

（提出書類）
第○条　採用することが内定した者は、会社の指示に応じて入社日に次の書類を提出しなければならない。ただし、必要がないと会社が認めた場合は、その一部を省略することがある。なお、提出書類で採用の前提となる条件が満たされないと判明した場合は、内定を取り消し、採用しないことがある。
(1) 誓約書、身元保証書（本人および身元保証人自筆のもの、保証期間5年）
(2) 履歴書（本人自筆、3カ月以内に撮影した写真添付）
(3) 運転記録証明書（過去5年分）、運転免許証写し、各種資格証写し
(4) 住民票記載事項証明書（個人番号が記載されていないもの）
(5) 番号利用法に基づく本人および被扶養者の個人番号カードまたは通知カードおよび本人確認書類
(6) その他会社が求める書類（健康診断書または健康状態申告書、退職証明書、車検証写し、自動車保険証写し、源泉徴収票等）
2　前項の規定に基づき会社へ提出された書類は、社会保険および税の申告に関連する業務、配属先の決定、給与改定、昇降給の決定、人事異動、教育訓練、表彰および制裁等会社が人事諸規則を実施するために必要な一切の事項を実施するために利用する。前項の提出書類に変更があった場合および会社が書類の更新を求めた場合は直ちに届け出るものとする。

第3章 勤　　務

（始業、終業の時刻および休憩の時刻）
第○条　始業、終業の時刻および休憩の時刻は次のとおりとする。なお、所定労働時間は賃金計算期間の初日を起算日とする1カ月単位の変形労働時間制により1カ月を平均して1週あたり実働40時間を超えないものとする。

（営業、運転職、庫内作業）	（事務、内務職）
始業　8：00	始業　8：00
終業　17：30	終業　17：00
休憩　12：00～13：00	休憩　12：00～13：00
	10：00～10：15
	15：00～15：15

2　ただし、事業所、職務により変更することがある。運転業務に従事するものについては別途運行表に基づき個別に指示する。
3　業務の都合により、労使協定を締結のうえ1年単位の変形労働時間制を採用することができる。

（時間外労働）
第○条　業務の都合により所定時間外に労働させることがある。
2　時間外労働は会社の指示により行うものとする。
3　社員は会社の指示を受けたときは、正当な理由なくこれを拒むことはできない。
4　社員は自らの判断で超過勤務を行う場合は、事前に所属長の承認を受けなければならない。未承認の勤務については、賃金を支払わないことがある。

（休　　職）
第○条　社員が次の各号の一に該当した場合は休職を命じる。
　(1)　業務外の傷病により欠勤日数が通算40就業日以上にわたる場合。
　(2)　精神または身体上の疾患により完全な労務提供ができない場合。
　(3)　傷病外の私的事情により欠勤が通算20就業日以上にわたる場合。
　(4)　会社業務の都合による場合。
　(5)　会社が認めた公職につき、労務の正常な提供が行えない場合。
　(6)　前各号のほか、特別の事情があって休職させることを必要と認

めた場合。

　　　　ただし、上記各号の場合でも、休職した社員が復職後1カ年以内に同一原因および類似する原因により欠勤する場合の再休職は認めない場合がある。
2　必要に応じ会社指定の医師の会社所定様式による診断書を提出させる場合がある。この場合、医師との必要な診察・面談等に協力しなければならない。また、会社が本人の主治医との面談を必要と認めた場合は会社に協力しなければならない。
3　傷病等での休職期間中は当然のことながら安静にて生活することとし、異なる事実が判明した場合懲戒に処す場合がある。

（休職期間）
第○条　休職期間は次のとおりとする（暦日）。
　(1)　前条第1項第1号、第2号の場合
　　　　　　　　　　　勤続3月以上1年未満の者　　40日間
　　　　　　　　　　　勤続1年以上3年未満の者　　80日間
　　　　　　　　　　　勤続3年以上5年未満の者　　100日間
　　　　　　　　　　　勤続5年以上10年未満の者　120日間
　　　　　　　　　　　勤続10年以上　　　　　　　150日間
　(2)　前条第1項第3号の場合　前号の期間の2分の1の期間
　(3)　その他の場合　その必要な範囲で会社の認める期間
2　第1項の期間は、会社が特に必要と認めた場合にかぎり、30日間を限度にこれを延長することがある。
3　休職期間の満了日以前に休職の事由が消滅したときは、医師の診断書または事由消滅に関する証明書を添付し、書面で復職を願い出て会社の承認を受けなければならない。
4　休職期間中の賃金は無給とする。休職中は社会保険料の本人負担相当額を毎月末までに会社宛に振り込むものとする。
5　休職期間は、前条第1項第4号の場合を除き、勤続年数に算入しない。
6　社員が復職後1年以内に同一ないし類似の理由により欠勤ないし完全な労務提供をできない状況に至った時は復職を取り消す。事情により会社が再休職を認めた場合、休職期間は復職前の休職期間の残期間に限る。

（復　　職）
第○条　休職の事由が消滅したときは、原則として旧職務に復職させることとする。休職期間を過ぎてなお、健康時に行っていた通常の業務を遂行できる程度に回復していない場合は、自然退職とする。なお、業務への復職可否の判断は医師等の意見を参考に会社が決定する。

第4章　服務規律

（服務の基本原則）
第○条　社員は、この規則に定めるもののほか、業務上の指揮命令に従い、自己の業務に専念し、作業能率の向上に努めるとともに、たがいに協力して職場の秩序を維持しなければならない。

（服務心得）
第○条　社員は、常に次の事項を守り服務に精励しなければならない。
（社員としての心得）
（1）　職務遂行にあたり、報告，連絡，相談のルールを守って職務に従事すること。
（2）　私的なメールを送受信しないこと。また、勤務中および勤務外を問わず、ＳＮＳで特定の個人情報や会社および役職員に対する誹謗中傷、会社や得意先の批判等を発信してはならない。
（3）　株取引・わいせつなサイト、その他業務に関係のないホームページ等を業務中に閲覧しないこと。
（4）　社名や職位を利用して消費者金融等から金銭の借入れを行い、会社宛に督促を受けることのないようにすること。
（5）　反社会的団体に所属しないこと。そのような人物との交流を一切禁ずる。また、社内外で賭博や賭けごとをしてはならない。
（6）　社外にあたっては、会社の代表する立場にあることを認識し、常に厳正な態度と誠意をもって行動すること。
（7）　会社の許可・承諾を得ないで、事業を行うこと、他社の役員を兼務すること、および社員、アルバイト等他社で勤務することを禁止する。
（8）　勤務時間中に許可なく会社業務と関係のない活動を行わないこと。また、社員としての地位を利用しての政治活動、宗教活動、販売活動やこれと類似する行為については、事業場内外および勤務時間内外を問わず禁止する。

(9) 勤務時間内外を問わず、法律で禁止されている薬物・薬草等の使用は厳禁とする。
(10) 業務中および業務外のいかんを問わず、酒酔い運転、酒気帯び運転ならびにそれに類する行為を行ってはならない。

(健康の保持)
(11) 安定した家庭を保持し、私生活を正しく常に心身共に最良の状態に保つこと。
(12) 万一、病気その他により欠勤する場合は、事前に定められた届けにより手続きを行い、業務に支障を来さないよう努めること。
(13) 会社が指示した健康診断は、必ず受診しなければならない。正当な理由なく拒否する場合は、懲戒処分の対象とする。健康診断の結果、会社が就業場所や職務の変更、一定期間の就業禁止等を指示した時はこれに従わなければならない。なお、ストレスチェックを実施する場合は、これに協力するものとする。

(服装に関する心得)
(14) 現場関係の社員は、就業中は特別な理由のないかぎり、制服（制服がない場合はこの限りではない）を着用し、特に鉢巻きをしたり上半身裸体になったりしてはならない。
(15) 入れ墨、タトゥー（シール等を含む）、ピアス（耳以外や多数等、一般的でないもの）、ほか華美・奇抜な装飾品、派手な髪色（日本ヘアカラー協会の基準色6以上）、無精髭等の不快感を与える身なりは厳禁とする。

(会社の財産・利益・信用管理の心得)
(16) 職務遂行に際しては、会社の利益を図り私利を戒めること。
(17) 私事に関する金銭取引、その他の証書類に会社の名称を用いないこと
(18) 職務に関し、自己のために取引をしたり、手数料、リベートを収受し、その他不当な金品の借用または贈与の利益を受けないこと。

(職場環境保持の心得)
(19) 職場を清潔にし、常に整頓し、盗難、火災の予防および安全衛生事項の実施に努めること、特にくわえタバコでの作業は厳禁する。
(20) 職場において暴行、脅迫、傷害、その他不法不当な行為をしたり、または他人の業務を妨害してはならない。

(21) 会社の許可なく社内において業務外の集合、掲示、放送、印刷物の配付をしないこと。
(22) 職場内外において、他の従業員との調和を乱し不快にさせる言動を行わないこと。
(23) 会社の許可なく、ビラ、のぼり、腕章、ワッペン等を社内において掲示、身に付ける等の行為を行わないこと。
(24) セクハラ、パワハラ、いじめ、ストーカー行為等は禁止する。職場内外において、他の従業員を不快にさせる言動を行わないこと。特にセクシャルハラスメントは、同じ職場に働く従業員の働く意欲を阻害し、職場の秩序を乱し、職場の環境を悪化させるものであり、従業員はいかなる場合でもセクシャルハラスメントに該当するか、該当すると疑われるような行為を行ってはならない。

(業務遂行上の心得)

(25) 事業場外で勤務するものは、常に所在を明らかにし、職務に専念しなければならない。許可なく、サウナ・パチンコ店等業務に関係のない場所に立ち寄らないこと。
(26) 社員は、社外での活動中において自己の行動は常に会社を代表していることを念頭におき、対応に誤りがないよう心掛けなければならない。
(27) 服装・態度および挨拶に留意し、顧客に対し好印象を与えるよう努め、自らの信用の向上に努めること。

(社有物の管理、車両運転の心得)

(28) 会社の許可なく、会社のパソコン等情報機器にアプリケーション、ファイル等をインストール、ダウンロード、コピーしないこと。
(29) 会社の許可なく、フロッピー、USBメモリー等の電子記録媒体を会社施設・車両に持ち込むことを禁止する。
(30) 免許停止等の行政処分を受けた場合は、速やかに会社に報告し、業務車両の運転をしないこと
(31) 就業中事故が発生したときは、速やかに発生状況を詳細にわたり上長に報告し、その指示に従って事故処理を行うこと。

(業務車両運行中の事故処理の心得)

(32) 業務車両の運行途上において、人身事故を発生せしめた場合は、人命尊重の見地により直ちに応急処置をし、救急車の手配、警察への連絡、負傷者の救護を最優先にしなければならない。

(33) 相手方と勝手に交渉しないこと。必ず上長または運行管理者の指示に従い、結果については報告、承認を受けること。
  （その他）
   (34) その他この規則または上長の指示命令に違反する行為をしてはならない。
   (35) 社員は番号利用法に基づき会社が個人番号の提供および本人確認を求めた場合は協力しなければならない。

（秘密保持、特許および顧客データ・マニュアルの取扱い）
第○条　社員は、職務上知り得た会社の秘密について、退職後においても、第三者に開示し、使用し、または漏らしてはならない。会社の管理書類等を許可なく複写したり撮影することを禁ずる。
2　社員は、会社の許可を得ないで前項の秘密の開示・使用に該当する同一県内および近接地域の競業会社等への転職または独立自営を1年間行ってはならない。また、当社の顧客に営業活動をしたり、取引を代替することを禁ずる。
3　会社の秘密とは、極秘・部外秘の表示のあるもののほか、決算書類、顧客データ、営業上のデータ、販売資料、労務管理書類等一切の業務関連データを含む。
4　社員が業務上行った発明考案等に関する特許、実用新案、商標、意匠の登録を受ける権利および著作権、および未登録段階でのこれらのノウハウ・営業秘密、さらに業務上開発したマニュアル等の営業秘密は会社に帰属することとし、個人には帰属しない。

第5章　表彰・制裁

（制裁の種類、程度）
第○条　制裁は、その情状により次の区分により行う。
   (1) 訓　　戒　始末書をとり将来を戒める。
   (2) 減　　給　1回の事実に対する額が平均賃金の1日分の半額、総額が1カ月賃金総額の10分の1の範囲で行う。
   (3) 出勤停止　30日以内出勤を停止し、その期間中の賃金は支払わない。降格降職を伴うこともある。
   (4) 諭旨退職　退職させ、退職金の一部を支給しないことがある。通告後1週間以内に退職届を提出しない場合は、懲戒解雇に処する。

(5) 懲戒解雇　予告期間を設けることなく即時解雇する。この場合において所轄労働基準監督署長の認定を受けたときは、予告手当（平均賃金の30日分）を支給しない。退職金は支払わない。

(懲戒解雇)
第○条　次の各号に該当する場合は、懲戒解雇に処する。ただし、情状によっては、諭旨退職または出勤停止にとどめることがある。
(1) 重要な経歴を詐称もしくは虚偽の申告をして雇用されたとき。
(2) 正当な理由なく、連続して5日以上、または3カ月以内に10日以上無届欠勤をした場合。ただし、天災ほかやむを得ない事情のある場合を除く。
(3) 正当な理由なく業務上の指示・命令に従わず、3回以上注意・指導しても改めないとき。
(4) 正当な理由なく、無断で3回以上遅刻、早退または欠勤を繰り返し、再三にわたる注意を受けても改めないとき。
(5) 刑法その他刑罰法規の各規定に違反する行為を行い、その犯罪事実が明らかとなったとき。
(6) 数回にわたり制裁を受けたものにもかかわらず、なお、勤務態度等に関し、改善の見込みがないと認められたとき。
(7) 業務と無関係な言動により、円滑な職務遂行を妨げたり、職場の環境を悪化させ、またはその言動に対する相手方の対応により不利益を与える行為を行ったとき。
(8) 許可なく会社の金品、物品、規程類、管理書類等（写しを含む）を持ち出し、または持ち出そうとしたとき。
(9) 職務上の地位を利用して私利を図り、または取引先等により不当な金品を受け、もしくは求め、または供用を受けたとき。
(10) 私生活上の非違行為や会社に対する誹謗中傷等によって会社の名誉信用を傷付け、業務に重大な悪影響を及ぼすことがあったとき。
(11) 会社の業務上重要な秘密を外部に漏洩して会社に損害を与え、または業務の正常な運営を阻害したとき。
(12) 故意または過失により会社に重大な損害を与えたとき。
(13) 業務に関連して不当な金品の借用もしくは贈与等の利益を受けまたは受けようとしたとき。
(14) 他人に暴力を加えまたは脅迫をしたとき。

(15) むやみに身体に接触したりするなど、職場での性的な言動によって他人に不快な思いをさせたり、他の従業員の業務に支障を与えるような性的事項の開示または性的行為をしたとき。
(16) 会社の指示する所定の引き継ぎ業務に従事しないとき。
(17) 不正行為または社会的非難を受けるような行為によって会社または契約先の名誉や信用を傷付けたとき。
(18) 契約先または会社の仕事上知り得た秘密を洩らしたまたは洩らそうとしたとき。
(19) 業務の立場を利用して不当に自己の利益を図ったとき。
(20) 事実を曲げまたは大げさに表現して言いふらしたり宣伝することで契約先もしくは会社の名誉や信用を傷付けたとき。
(21) 業務中・業務外のいかんを問わず、酒気帯び運転・飲酒運転を行うなど、社会問題につながる行為をしたとき、または他人に飲酒運転をそそのかすなどしたとき。
(22) 麻薬類、覚せい剤等を投与して仕事についたとき、または就こうとしたとき。
(23) 就業規則の諸規定を順守せず、会社から度重なる注意、懲戒を受けても、社員として、不適切な行動、言動等を改めないとき
(24) 反社会的団体に所属、もしくは交流していることが明らかになったとき。
(25) その他前各号に準ずる程度の不都合な行為を行ったとき。

第6章　退職・解雇

(定　　年)
第○条　社員の定年は満60歳の誕生日とする。ただし、定年に達した者であっても本人が業務に対して継続雇用の希望がある場合には、高年齢者雇用安定法に基づく雇用義務年齢に従い契約期間1年の嘱託として再雇用する。

(解　　雇)
第○条　会社は、従業員が次の各号に該当する場合は解雇する。なお、業務に悪影響を与え運営を阻害することがあると会社が判断した場合は、その時点で自宅待機を命ずることがある。
(1) 業務に起因しない精神または身体の障害により仕事に耐えられないか、もしくは虚弱、疾病のため業務に耐えられないと判断さ

れたとき。
(2) 業務上の都合による療養の開始後3年を経過した日において、労働者災害補償保険法による傷病補償年金を受けているとき、または同日において傷病補償年金を受けることになったとき、もしくは労働基準法に定める打切り補償を行ったとき。
(3) 仕事のミス防止のために取るべき必要な措置を講ずることを怠り、度々、会社業務に支障を生じさせた場合。
(4) マニュアル、研修、チェックリストを用い教育訓練を充分に行うも業務を習得できないとき。
(5) 業務全般に関して著しく能力が劣る、業務指示・命令・指導等に従わないなど、社員としてふさわしくないと会社が判断したとき。
(6) 来客者に対する応対が不適切で改善の見込みがないとき。
(7) 正当な理由なく遅刻早退を繰り返すなど、出勤状況が不良で改善見込みなしと判断されたとき。
(8) 業務に支障をきたすおそれのある経歴を偽るなど、不正な方法を使って採用されたとき。
(9) 注意をすれば防げた事故を注意を怠ったことにより、契約先または会社に損害を与えたとき。
(10) 正当な理由もなく特異な服装、化粧、髪形、毛染め等を行い、業務上支障を与えたとき。
(11) 会社の業績不振、事業の縮小等により人員の削減を必要とする場合。
(12) 会社の都合によりやむを得ない事由がある場合、または天災事変その他これに準ずるやむを得ない事由により事業の継続が困難になった場合。
(13) 試用期間中または試用期間満了時までに従業員として不適格であると認められた場合。
(14) 運転免許取消し等、資格剥奪等により業務遂行上多大な支障が生じた場合。
(15) 顧客より出入り禁止措置を受け業務に支障を与えた場合。
(16) その他前各号に準ずる程度の事由がある場合。

第7章　損害賠償

(損害賠償)
第○条　社員が故意または過失によって会社に損害を与えたときは、その全部または一部の賠償を本人および保証人に求めることがある。ただし、これによって第○条の制裁を免れるものではない。

■ 労働契約書の例

労働条件通知書兼契約書（正社員・嘱託・パート）

平成　年　月　日

○○　○○　殿

あなたを雇用するに当たっての労働条件は、次のとおりです。

雇用期間	① 期間の定めなし ② 平成　年　月　日から平成　年　月　日まで ※以下は、「契約期間」について「期間の定めあり」とした場合に記入 1　契約の更新の有無 ・自動的に更新する ・更新する場合もしない場合もあり得る ・契約の更新はしない ・その他（　　　　　　　　　　　　　　　） 2　契約の更新は、次のいずれかにより判断する ・契約期間満了時の業務量　・労働者の勤務成績、態度 ・労働者の能力　・会社の経営状況 ・従事している業務の進捗状況 ・その他（　　　　　　　　　　　　　　　） 【有期雇用特別措置法による特例の対象者の場合】 　無期転換申込権が発生しない期間：Ⅰ（高度専門）・Ⅱ（定年後の高齢者） 　　　Ⅰ特定有期業務の開始から完了までの期間（　年　か月(上限１０年)） 　　　Ⅱ定年後引き続いて雇用されている期間
勤務場所	**本社　　　　但し勤務地の変更もあり得る**
仕事の内容	**運転、荷役その他関連業務　但し職務変更もあり得る** 【有期雇用特別措置法による特例の対象者（高度専門）の場合】 ・特定有期業務（　　　　　開始日：　　　完了日：　　）
始業・終業 時刻及び 休憩時間	① 始業　午前８時００分、終業　午後５時３０分（実働８時間） ② 休憩　午後０時００分から１時００分まで６０分間 　　　　午前１０時００分から１０時１５分まで１５分間 　　　　午後３時００分から３時１５分まで１５分間
休日	原則として、毎週日曜日・その他会社が必要と認める所定休日 但し、業務の都合により変更あるいは振替えすることがある。 休日カレンダーがある場合は、それに従う。 ＊詳細は就業規則第○条による。
所定外 労働等	① 所定外労働させることが　［ 無 ／ 有 ］ ② 休日労働させることが　　［ 無 ／ 有 ］
休暇	① 年次有給休暇　６カ月間継続勤務した場合　　　法定どおり

		勤続6カ月以内の年次有給休暇　　なし
		② その他の休暇　　　　　　　　　　　　　　　無給
賃金	① 基本給　イ 月給　[　　　　　円]　ロ 日給 [10,000 円]	
	ハ 時間給 [　　　　円]	
	② 諸手当　評価手当 [　20,000　円]	
	通勤手当 [　10,000　円]	
	③ 時間外手当　運行ごとに通常発生する時間外労働に対する時間外手当を標準運行時間外手当として支給。法定の額に満たない場合は補填する。	
	④ 所定外労働等に対する割増率　イ 所定時間外、法定超 25%、所定超 割増なし	
	ロ 休日 法定休日 35%、法定外休日 割増なし	
	ハ 深夜 25%	
	⑤ 賃金締切日　　　　　毎月　末日	
	⑥ 賃金支払日　　　　　翌月 15 日	
	⑦ 賃金の支払方法　　　（指定口座への振込みによる）	
	⑧ 賃金支払時の控除　イ 社会保険料、ロ 雇用保険料、ハ 所得税等	
	⑨ 昇給　　　　　　　　　[　有　/　無　]	
	⑩ 賞与　　　　　　　　　[　有　/　無　]	
	⑪ 退職金　　　　　　　　[　有　/　無　]	
退職に関する事項	① 定年制　　[　有　（　60歳）/　無　]	
	② 継続雇用制度　[　有　（　65歳）まで　/　無　]	
	③ 自己都合退職の手続き（退職する 30 日以上前に届け出ること）	
解雇の事由	会社は、以下に掲げる場合に社員を解雇することがある。	
	① 社員が身体または精神の障害により、業務に耐えられないと認められる場合	
	② 社員の就業状況や業務実績が著しく不良で、就業に適さないと認められる場合	
	③ 服務規律その他の社内規則に反する行為があり、社員としてふさわしくないと認められる場合	
	④ 会社の業績不振、事業の縮小などにより人員の削減を必要とする場合	
	⑤ 業務上の負傷または疾病による療養の開始後 3 年を経過しても当該負傷または疾病が治らない場合であって、従業員が傷病補償年金を受けている場合、または受けることとなった場合（会社が打切補償を支払った時を含む）	
	⑥ 試用期間中または試用期間満了時までに従業員として不適格であると認められた場合	
	⑦ 会社の都合によりやむを得ない事由がある場合または天災事変その他これに準ずるやむを得ない事由により事業の継続が困難になった場合	
	⑧ 運転免許取消しなど資格剥奪等により、業務遂行上多大な	

	支障が生じた場合 ⑨ 就業規則に定める懲戒解雇事由に該当する事実があると認められた場合 ⑩ その他前各号に準ずる程度の事由がある場合 ＊詳細は就業規則第〇条による。
留意事項	① 就業規則に定める事項を遵守し、社業の発展に尽くすこと。 ② 賞罰規定、業務マニュアルなどが制定されているときはこれを順守すること。 ③ 時間外労働は会社の指示に基づき行うこととする。社員自らの判断のみで許可なく行った場合には、賃金を支払わないことがある。
その他	・雇用管理の改善等に関する事項に係る相談窓口 　　部署名　　　　総務部 　　担当者職氏名　〇〇〇〇　（連絡先　　　　　）

　　上記、労働条件通知に合意し、労働契約を締結する。

平成　　年　　月　　日

　　　　（会社）
　　　　　事業場名称
　　　　　所在地
　　　　　使用者職氏名　　代表取締役　　　　　　　　　印

　　　　（労働者）
　　　　　住所
　　　　　氏名　　　　　　　　　　　　　　　　　　　印

■ 誓約書の例

誓　約　書

年　　　月　　　日

株式会社
代表取締役社長　　　　　殿

住　所

氏　名　　　　　　　　印

年　　　月　　　日生

　私は、貴社に従業員として採用されました。つきましては、下記の事項を誓約し、必ず履行することを誓約します。

　万一、下記の事項に反する行為を行った場合は、貴社規定による処分に従います。

記

(1) 　貴社の就業規則、その他順守事項を確認いたしました。貴社の規程を順守し、誠実に勤務します。
(2) 　安全に十分留意し、業務内外を問わず酒気帯びでの勤務および運転を行いません。
(3) 　会社の書類（写しを含む）や情報を無断で持ち出し、または他に漏らすことは一切行いません。退社後においても必ず順守いたします。
(4) 　故意または過失により会社の車両・設備・商品等に損害を与えたときは、会社の定めに則り、自ら責任を持って賠償いたします。
(5) 　申告していない犯罪歴や事故歴、病歴はありません。申告した経歴に一切虚偽事項はありません。
(6) 　反社会的勢力に所属しておらず、一切交流がないことを誓います。今後も関わりを持ちません。

■ 身元保証書の例

身元保証書

　　　　　　　　　　　　　　　　　　　　　　年　　月　　日

株式会社
代表取締役社長　　　　　　殿

　　　　　　　　　　　　　住　所
　　　　　　　　　　　　　氏　名　　　　　　　　　　印
　　　　　　　　　　　　　　　年　　月　　日生

　今般上記の者が貴社に採用されることにつきまして、身元保証人として、上記の者が心身ともに健康であり就業に適すること、会社の就業規則、服務規程、その他諸規程を順守して勤務することを保証します。有効期間は、雇用の日より5年間と致します。

　万一、本人がこれに違反し、故意または重大な過失によって貴社に損害を与えたときは、私ども身元保証人として本人と連帯して、賠償の責任を負い、貴社に迷惑をおかけしないことを保証します。

　　　　　　　　　　　住　所
　　　　　　　　　　　（電話）
　　　　　　　　　　　身元保証人　　　　　　　　　印
　　　　　　　　　　　　　　年　　月　　日生
　　　　　　　　　　　本人との関係

3 賃金規程

(1) 主な確認事項

　賃金規程は、現状の賃金制度を把握する際に確認すべき最重要書類である。賃金規程の内容は就業規則の一部であり、社員との労働契約そのものである。賃金に関わる労働契約がどのような内容になっているのか、実際の支払い方と齟齬が生じていないか、法律上誤った記載がされていないか——等々を確認しなければならない。

　中小運送業の場合は、賃金に関して必要最小限の記載しかない一般的な雛形を使用している会社が多く見られる。この場合は、規程だけでは内容がまったくわからないため、賃金台帳等で確認しなければならない。

　一般的に賃金制度改革に際しては、賃金規程の中でも特に、①賃金構成、②基本給と諸手当の内容および意義付け、③割増賃金の支払い方に関する条文を注視する必要がある。

(2) 賃金構成

　賃金構成は、賃金に対する会社のポリシーが明確に表れる箇所である。ここを見ると、会社の考え方がわかる。

　最初に確認すべきことは、賃金規程上の賃金構成と実際の賃金計算方法が異なっていないかである。実際には完全歩合で計算しながら、規程上は基本給と手当の構成で記載している会社も散見される。実態を確認することが大事である。

　次に構成を見ていくわけだが、基準内賃金と基準外賃金の区分の仕方が会社によりバラバラであり、注意しなければならない。時間外算定基礎額に入る基本給と手当のみを基準内賃金としている会社もあれば、通常毎月支給している手当を家族手当や住宅手当等も含めて基準内賃金に分類している会社もある。区分の仕方は会社により異なるが、重要なのは時間外算定基礎額が法律どおりに計算されているかの確認である。

（3） 基本給と手当の意義

　基本給はどのような基準で支給しているのか、職務で決めているのか、勤続年数なのか、その意義を確認することが大事である。中小運送業の多くは、社長の裁量で決めている。明確な基準がないので社員に説明できない。入社時に「このくらいでどうだ？」と決めている会社もある。基本給の決め方を明確にする制度改革が必要である。

　また、賃金構成を見ると、たくさんの手当が羅列されている会社がある。過去に社員から要望を受けてその都度、手当を追加してきた会社である。例えば、洗車1回につき500円支給する洗車手当、積込み作業ごとに支給する積込み手当、作業を手伝えば支給する協力手当、宵積み手当、横持ち手当、携帯手当、車両手当、資格手当、そのほかに支給基準があいまいな特別手当、調整手当等がある。このような手当はどのような意義付けをして支給しているのかを再確認し、意義が薄いまたは不透明な手当は整理の対象にしていかなければならない。

（4） 割増賃金

　そして、とりわけ重要な確認事項は割増賃金の支払い方である。これがあいまいで後日問題となる会社が運送業には多い。算定基礎額が間違っている、時間管理がされていない、法定の割増賃金額に満たない——など、問題が噴出する。

　トラブルを回避するため、賃金制度改革の中で改善していかなければならない。どうすればマネジメントを維持しつつ、コンプライアンスを改善できるかを検討していかなければならない。

　賃金規程の確認は、改善の方向性を最初に見極めるために重要である。

■ **賃金規程の例〈抜粋〉**

※賃金規程全文ではない。

（適用範囲）
第○条　この規程は、就業規則第○条に基づき、社員の賃金等について定めたものである。

（賃金の構成）
第○条　賃金の構成は次のとおりとする。

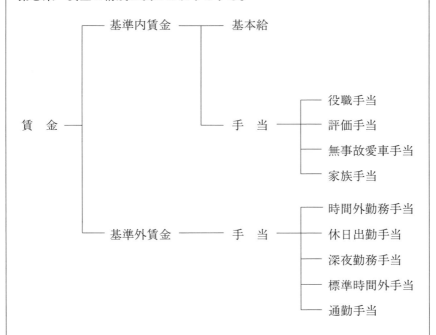

（基　本　給）
第○条　基本給は月給日給制とする。ただし、所定労働日を欠務したときは、欠勤１日につき相当額を控除し支給する。

（基本給の決定）
第○条　社員雇入れの際の基本初任給は、本人の職務内容、能力、経験、技能等を勘案して各人ごとに決定する。

(賃金の改定)
第○条　昇給は原則として毎年７月に能力、勤務成績等を考慮して行う。ただし、業務成績等が劣る場合、減給することもある。

(臨時の改定)
第○条　職階や職務の変更等により基本給の変更を必要とするときは、臨時に改定を行うことがある。

(会社業績等の事情による昇給中止、賃金の減額)
第○条　会社の業績不振、その他やむを得ない事情がある場合には、昇給の中止あるいは賃金を減額する措置をとることがある。

（中　略）

(役職手当)
第○条　役職手当は管理的地位にある者に対し、別途定める月額を支給する。役職手当の金額は事情により変更することがある。

(家族手当)
第○条　家族手当は、社員が扶養する家族（社員と生計を一にし、その収入によって生計を営んでいる者）で、次の各号の一に該当する者がいる場合に支給する。
　(1)　配　偶　者
　(2)　満18歳未満の子女および満70歳以上の父母
　　　　ただし、支給対象者は配偶者を除く３人までとする。事情により会社が認めた場合にかぎり、対象者の範囲を広げることがある。
２　家族手当の支給月額は、別途定める。
３　家族手当の支給は本人の申し出と会社の承認を要する。家族手当の金額は事情により変更することがある。

(評価手当)
第○条　下記の項目に対する職務遂行状況を評価し、その結果に応じて別途定める額を支給する。評価は別に定める評価表による。
　(1)　急な欠勤や遅刻の有無
　(2)　マナーや挨拶の励行度（5Sの取組みを含む）
　(3)　業務指示の順守度（機器の正しい操作、報告・連絡・相談等）

(4) 作業改善や業務提案の有無
(5) コスト削減に対する取組み（高速代、燃料費、修理代、その他経費）　等

（無事故愛車手当）
第○条　現業従業員が月間所定労働日のうち9割以上勤務し、無事故（有責による車両事故、積荷の破損・紛失、および誤配・延着・ピッキングミス等の業務事故をいう）で、かつ適正な車両管理（点検、整備、洗車）を実施していると認める場合に、別表に定める無事故愛車手当を支給する。

（標準時間外手当）
第○条　運転職については、運行方面別の運行計画に基づき標準的に発生する時間外労働および深夜労働時間数に対する割増賃金相当額を標準時間外手当として支給する。ただし、上記金額が、実際の労働時間で計算した法定の割増賃金額に満たない場合は、その不足額を補填する。

（通勤手当）
第○条　通勤手当は交通機関を利用して通勤する者で定期券を購入する者に対し、最短経済コースによる定期券購入費に相当する金額を支給する。自動車通勤の者については、通勤距離数に応じて別に定める金額を支給する。通勤手当の金額は事情により変更することがある。

(以下略)

4　賃金台帳

　前述したとおり、賃金規程だけでは手当の内容説明がないなど、記載が少なく、実態が掴めない会社が多いため、賃金台帳の確認は必須である。
　賃金台帳を見ると、実際に支払っている賃金項目や金額が明確になる。賃金規程に記載された内容と相違する場合も数多くある。過去に賃金規程を届け出た後に何度も賃金の内容を変えてきたが、変更届を出していない会社もある。
　賃金台帳を確認すると賃金構成、賃金水準、社員による例外ケースの有無、毎月の変動状況等が明確になる。また、時間管理をしているか否かも確認できる。運送業では時間外や深夜、休日の時間数を記載する欄が空欄になっている会社が多く見られる。
　賃金台帳を確認することで抽出された事実は、賃金制度改革を進める中で解決していく必要がある。会社の状況をよくヒアリングして、経営者とともに着実に改善を進めることが大事である。

5　給与明細書

　賃金規程や賃金台帳だけでは、社員に対して給与をどのように明示しているかがわからない。したがって、個々の給与明細書を確認することが不可欠となる。
　各手当名称が賃金規程等と相違していないか、諸手当の意義が明確に伝わっているか、特に割増賃金の支払いに関して疑義を生む余地はないか——などを再確認する。
　運送業では、給与明細書以外に作業明細書を同時に交付している会社が多い。これは歩合計算書である。ドライバーが最も関心を持って見ているのは、作業明細書のほうである。自分が1カ月働いた実績が正しく給与に反映されているかを確認している。歩合計算が正しいと確認できれば、給与明細書のほうは支給総額だけを確認している人も多い。賃金

制度改革を進める際は給与明細書と併せて作業明細書も確認しておくとよい。

また、事故賠償金を賃金の控除項目で引いている会社がよく見られる。後述するが、事故賠償金の取扱いは法律に照らして正しい取扱いと手順を踏んでいるか、給与から控除することが可能な状況なのか、本人の合意があるか——などを確認しておくとよい。給与明細書から得られた情報を、賃金制度改革の中で改善に結び付けることになる。

6 賞罰規程

賞罰規程もしくは賞罰委員会規程、損害賠償に関する労使協定等を作成している会社がある。その場合はこれらの規程も確認し、現状を把握しておくべきである。

賞罰規程は就業規則中の表彰、制裁の内容を記載するだけでなく、故意または過失で事故を発生させたドライバーに対する損害賠償の内容を具体的に規定している。損害賠償額をあらかじめ決めていないか、金額は過大ではないか、賞罰委員会は実際に開かれているのか——などを確認し、問題点があれば是正していく必要がある。

現在、多くの運送会社は事故を起こしたドライバー本人から修理代の一部を弁償してもらう制度を設けている。これは修理代コストの会社負担軽減が目的ではなく、事故をなくすために本人にも事故の重大性を理解してもらおうと制度化している会社が多い。もちろん、一部の会社は修理代全額を社員に負担させるなど問題がある。しかし、単に法律を知らないで運用している会社も多いのである。

コンプライアンスの説明をすれば納得して改善する会社が多い。本来の事故削減目的であれば、あらかじめ賠償額を決めるのではなく、運送業の裁判事例等で認められている適正な範囲（実損額の20%以内等）で、本人と話合いを行い、適正な手順を踏んで相互の負担額を決めていく方向に改善するとよい。今後、事故賠償金の取扱いに関する労使間トラブルが増加する見込みであり、損害賠償というかたちで行うことがよいのか否かも含めて、賃金制度改革の中で是正すべきである。

■ **賞罰委員会規程の例**

賞罰委員会規程

第1章 総　　則

（目　　的）
第1条　この規定は○○運輸株式会社就業規則第○○章（表彰および制裁）に基づき、当社従業員の賞罰について審議することを目的とする。
2　賞罰委員会（以下「委員会」という）は、従業員の表彰および制裁について、会社の諮問に応じて審議のうえ答申し、就業規則の厳正妥当な運用を図ることを目的とする。

（構　　成）
第2条　委員会の構成は、次のとおりとする。
　(1)　委員長　　　　1名（社長指名）
　(2)　会社側委員　　2名（社長指名）
　(3)　従業員側委員　2名（従業員推薦）

（任　　期）
第3条　委員の任期は2年とする。ただし、再任を妨げない。
2　委員に欠員が生じたときは、後任者を選任することができる。ただし、その任期は前任者の残任期間とする。

（委　員　長）
第4条　委員長は会務を処理し、議事を主宰する。
2　委員長に事故があるときは、委員長が委員の中から指名した者がその職務を代行する。

（諮問および答申）
第5条　会社は、規定に該当する事実が生じたときは、委員会に所定の手続きに基づき諮問する。
2　委員長は、前項の諮問に基づき速やかに委員会を招集し審議のうえその結果を会社に答申しなければならない。

（委員会の成立、決定）
第6条　委員会は、原則として委員全員の出席を得て成立する。
2　委員会の審議事項の答申は、原則として出席委員一致とする。ただし、3分の2以上の同意を得た場合は、委員長はこれを決定することができる。

（関係者の出席）
第7条　委員会が必要と認めたときは、本人または関係者を委員会に出席させて意見を述べさせ、または資料を提出させることがある。

（委員会の開催）
第8条　委員会の開催は、次の区分により期間内に発生した事項について、期間到達後速やかに開催し審議する。

審議事項		
無事故表彰	5月16日より11月15日まで	1月表彰
〃	11月16日より 5月15日まで	7月表彰
事故分担金	5月16日より 8月15日まで	9月開催
〃	8月16日より11月15日まで	12月開催
〃	11月16日より 2月15日まで	3月開催
〃	2月16日より 5月15日まで	6月開催

（機密保持）
第9条　委員は、委員会で知り得た機密を厳守しなければならない。

（文書保存）
第10条　賞罰諮問申請書および賞罰委員会諮問依頼（兼）回答書は、社長の決裁後、管理部総務課長が保存する。

第2章　表　　彰

（表彰の種類）
第11条　従業員が、就業規則第〇章第〇〇条の各号の一に該当する場合には、就業規則〇〇条に基づき、所定の手続きにより表彰する。
　(1)　成績優秀賞
　　　　次の3項目の一に該当するときは、表彰状に功績の度合により1万円から10万円の金品を贈り従業員に公告する。

① 品行方正、技術優秀、業務熱心の者で他の模範となるとき
② 業務上有益な発明、改良、工夫考案をしたとき
③ 災害を未然に防ぎ、または災害に接し特に功労のあったとき

(2) 永年勤続賞

毎年7月1日を基準として、次の区分により、賞状および旅行券もしくは物品を贈り表彰する。ただし、すでに到達している者については、最初に迎える該当年に表彰し、また途中での退職者については該当させない。

| 10年 30,000円 | 15年 50,000円 | 20年 70,000円 |
| 25年 70,000円 | 30年 70,000円 | 35年 100,000円 |

(3) 無事故運転賞

乗務員に対して次の区分により、審議し賞状および賞金を贈る。16年間以上無事故の場合は、その都度審議し決定する。ただし、表彰を受けた後に事故を起こしたときは、3カ月の反省期間をおいた後に無事故扱いを起算する。

無事故期間

1年 10,000円	2年 20,000円	3年 30,000円	4年 40,000円
5年 50,000円	6年 60,000円	7年 70,000円	8年 80,000円
9年 90,000円	10年 100,000円	11年 110,000円	12年 120,000円
13年 130,000円	14年 140,000円	15年 150,000円	

(注) 16年以上については都度協議決定する。

第3章 制　裁

(制裁の種類)

第12条 従業員が就業規則第○章第○○条、○○条の各号の一に該当する場合には、就業規則第○○条に基づき、所定の手続きにより制裁する。

(1) 譴責は、事故発生後速やかに始末書を取り将来を戒める。ただし、初回および前回の事故より起算して1年間に3件以上の事故を起こした場合は、即刻再研修を行う。
(2) 減給は、始末書を取り1回につき平均賃金の半日以内、総額では当該月収入の1割以内を減給する。
(3) 出勤停止は、始末書を取り7日以内出勤を停止し、その期間の

賃金は支給しない。
(4) 降格は、始末書を取り役職を免じ、もしくは引き下げる。この場合、賃金程程における職務等級は直近下位に引き下げる。
(5) 諭旨退職は、退職願の提出を勧告して退職させる。この場合は「退職金規程」に定める退職金を支給する。勧告に従わない場合は、懲戒解雇とする。
(6) 懲戒解雇は、予告期間なしに即時解雇する。この場合、行政官庁の認定を受けたときは、就業規則第〇〇条の解雇予告手当を支給しない。

第4章　分　担　金

(損害賠償)
第13条　従業員が就業規則第〇〇条に該当する場合には、就業規則同条に基づき、所定の手続きにより損害を賠償させる。

(算出基準)
第14条　事故費の算出基準は、次のとおりとする。
(1) 人身事故
① 治療費・慰謝料・休業補償等一切の示談金
② 示談交渉担当者の交通費実費
(2) 車両および物損事故
① 修理代（ディーラーおよび業者の見積額によるが、社内修理の場合は低い額を適用する）
② 代車料・休業補償料を含む一切の示談金
③ 示談交渉担当者の交通費実費
④ 当社の車輌が運行不能となって代車が必要となった場合の実費
⑤ 救援に要した費用
(3) 荷物事故
① 数量不足・紛失・落失・雨漏れ等を起こした荷物の弁償額
② 謝罪に要した一切の費用
(4) 事故の責任度
責任度合の査定は、保険会社の査定および警察における検証の見積り等を参考にして審議し決定するが、概ね次の基準による。

責任度合	主な事故内容
100%	追突・施設への接触・自損・電線の切断等
70%	重大な接触・衝突・出会い頭の衝突
50%	接触・衝突・出会い頭の衝突
30%	軽い接触・衝突・出会い頭の衝突

（事故分担金）
第15条　事故分担金は、次のとおりとする。
（1）　事故分担金
　①　事故分担金の限度額については、最高500,000円とする。
　②　当事者の事故分担金の額は次のとおりとする。
　　事故費総額×責任度合×25％
　③　事故費総額が会社が手配する車両・対物・運送保険の免責額以下の場合の当事者の事故分担金は次のとおりとする。
　　事故費総額×責任度合
　④　過去1年間において2度事故を起こし、3度目の事故についての分担金割合は、②の％に5％を上乗せした割合により分担金を決定する。
　⑤　弁済の方法については、処分決定後双方（会社と本人）協議のうえ決定する。
（2）　無申告事故による分担金
　　事故発生後の報告の義務（無申告）を怠った事故については、事故解決に要する一切の費用は、本人の分担を原則とするが、内容により委員会において審議し決定することもある。
（3）　退職時の処理
　　事故処理が未解決の間に当事者が退職する場合は、清算金より徴収する。

第5章　附　　則

第16条　本規程に該当しない事項が生じた場合には、就業規則に基づいて審議する。

7　旅費規程

　一部の運送会社は賃金のほかに「日当」の名目で出張旅費を支給している。これは長距離輸送等の業務遂行に伴い、通常発生する費用を補填する目的である。

　事業場外で働くドライバーは何日間も食事を外出先で採ることになり、負担がかさむ。炎天下の作業でのどが渇けば自販機で飲料を買うしかない。事務所とは違い、トラックには水道がついていないからだ。また炎天下の作業により汗で制服が汚れたら家で洗濯をする。個人の携帯電話を業務報告で使用することもある。トラックステーションに宿泊することもある。1日〜6日間の出張業務で生じる自己負担に対する実費補填として日当を支払っているのである。

　しかしながら、旅費規程を作成していない会社が多い。旅費規程を作らずに日当を支給しても税務上否認される。そもそも適正な金額に設定しているのか否かも確認事項である。過大な日当は認められない。実費補填の運用は慎重に行う必要がある。

　出張日当は賃金ではないが、賃金制度改革にあたり、旅費規程についても再確認しておくとよいだろう。

■ 旅費規程の例

旅 費 規 程

第1章 総 則

(目 的)
第1条 この規程は、役員および従業員が社命により出張するときの、旅費について定めたものである。

(旅費の種類)
第2条 旅費は次の2種類に分ける。
(1) 出張旅費
(2) 外部招待等による旅費

(旅費の計算)
第3条 旅費は順路に従い、最短経路で計算する。ただし、業務の都合、または天災、交通事故、その他やむを得ない理由で最短順路によることができなかったときは、実際に通過した路線によって計算する。

(旅費の基準)
第4条 旅費は、第7条により本人の役職に応じ、定額または実費を支給する。

(出張中の労働時間)
第5条 出張中は原則として通常の就業時間に勤務したものとみなし、時間外勤務の取扱いはしない。ただし、運転職など時間管理が行われる者については、時間外勤務の取扱いをする。出張期間中に休日勤務した場合は、本人の請求により休日勤務日より2週間以内に代休を与えるか、もしくは休日勤務扱いとする。

(上司随行)
第6条 役員および上位の役職者に随行し、職務上必要な場合にかぎり、日当以外の旅費を上位役職者と同等とすることを認める。
2 得意先役員に随行し、職務上必要と認められたときは、本社役員随

行に準じて取り扱う。

第2章　出　張　旅　費

（出張旅費）
第7条　出張旅費は、有料道路料、鉄道費、航空費、日当、宿泊料、経費等をいう。
2　出張旅費は特別に定めるほか、次のとおりとする。
(1)　対外的な事情で必要と認めたときは、部長以上のグリーン席利用を可とする。
(2)　役員の旅費は、対外的な理由があるときは実費計算する。
(3)　宿泊料については、対外的な事情およびストライキその他、特殊事情で特に必要と認めたときは実費支給する。
(4)　社会情勢の変化により、金額を変更することがある。

項　目 役　職	鉄道賃		船賃	航空賃	日当	宿泊料
	新幹線	その他				
一般事務職	普通席	普通席	2等	普通席	1,500円	6,000円
係　長	普通席	普通席	2等	普通席	2,000円	7,000円
課長・課長代理	普通席	普通席	1等	普通席	2,500円	8,000円
部長・部長代理	普通席	普通席	1等	普通席	3,000円	9,000円
専務・常務	グリーン	グリーン	1等	上級席	6,000円	10,000円
会長・社長	グリーン	グリーン	1等	上級席	8,000円	15,000円
運転職	有料道路料・油燃費等立替えの場合 実費				1,500円	4,000円

（鉄道および船賃）
第8条　鉄道および船賃は、これらの交通機関を利用した者に対して、所定の料金を支給する。

（車　　　賃）
第9条　出張中に利用したバス、タクシー等の交通費は必要と認めた場合に実費支給する。

（航　空　賃）
第10条　業務上特に緊急を要し、所属長またはこれと同等以上の上司の承認を得て航空機を利用したときは、実費を支給する。

（宿　泊　料）
第11条　宿泊料は宿泊日数に応じて、所定の料金を支給する。運転職はトラックステーション等の宿泊代相当額として支給する。

（日　　　当）
第12条　日当は、出発当日より帰着当日までの日数により支給する。運転職の日当は戸外での業務遂行により通常発生する食事代、クリーニング代、靴代、連絡通信代、自販機飲料代、等の実費負担相当額として支給する。

（日帰り出張）
第13条　出張先までの距離（片道）が100kmを超える日帰り出張に対しては、次のとおりとする。ただし、運転職は100km未満の場合も支給対象とする。

距　　離	交通費	日　当	帰社（帰宅）が22時以降のとき
片道100 km以上　ただし、運転職は除く。	支　給	支　給	日当の2割を追加支給する。ただし、運転者は除く。

（外部招待等による旅費）
第14条　取引先の招待あるいは組合の会合等に出席する場合で、旅費および宿泊料等を取引先が負担しているとき、または会費として納付しているときは、日当のみ支給する。
2　前号の場合に、取引先が会費の一部を負担しているときは、実費差額を支給する。

（出張中の事故）
第15条　出張中の負傷および発病等やむを得ない事故のために予定日程以上滞在したときは、事実が証明できる場合にかぎり、その間の日当および宿泊料を支給する。
2　やむを得ない事故によって多額の出費をなし、所定の旅費をもって支払ができないときは、事実の証明ができるものにかぎり、その実費を支給する。

(顧問・嘱託等の旅費)
第16条　顧問・嘱託等の者が会社の業務で出張するときは、この規程によって待遇相当の旅費を支給する。

(協議処理)
第17条　この規程により処理できないときは、その都度、所属長と総務部長が協議して決定する。

　　附　　　則
この規程は、平成○年○月○日から施行する。

8　退職金規程

　退職金制度がある場合は、必ず現行の退職金制度の内容を確認しなければならない。なぜならば、基本給と連動した退職金制度を導入していた場合は、賃金制度の見直しにより将来受け取る退職金の金額に影響を与えるからである。

　賃金改革が退職金制度に影響を及ぼすか否かは、必ず確認しておかなければならない。仮に現行の退職金が基本給に連動して決まる仕組みであるにもかかわらず、賃金制度改革を進める場合は基本給の変動が退職金の減額につながらない工夫を考慮する必要がある。例えば、退職金の計算は従前どおりの基礎額を適用するなどである。

　もし、退職金制度が現行存在しないか、もしくは少額であり、求人対策の一環で退職金制度の新設や増額を検討する会社があれば、賃金制度改革に合わせて評価制度と連動した退職金制度を構築することが考えられる。この場合は、社員に有利な変更であり、歓迎されるだろう。

　賃金改定で不利益変更が生じる場合は、代償措置の1つとして交渉できる。退職金制度を新たに検討する場合は、将来に向けて社員のやる気を高める制度設計をしたほうがよい。その点で、評価ポイントや役職ポイントを加味したポイント制の退職金制度は利点があり、検討すべき事項である。

■ 退職金規程の例

退職金規程

（適用範囲）
第1条　この規程は、就業規則の規定に基づき社員の退職金について定めたものである。
2　この規程による退職金制度は、会社に雇用され勤務する正社員に適用する。パートタイマー、嘱託等、正社員以外の者には適用しない。

（退職金の支給要件）
第2条　退職金は満3年以上勤務した社員が以下の各号の一に該当する事由により退職した場合に支給する。
　(1)　定年
　(2)　事業の縮小等、業務上の都合による解雇
　(3)　業務上の事由による死亡・傷病
　(4)　自己都合
　(5)　業務外の事由による死亡・傷病
2　この規程において会社都合退職とは第1項第1号から第3号までをいう。
3　この規程において自己都合退職とは第1項第4号および第5号をいう。

（基本退職金の計算）
第3条　基本退職金は退職時点における本人の持ち点に1点あたりの単価を乗じて算出する。
2　前項の1点あたりの単価は1,000円とする。ただし、社会情勢の変動に応じ、この単価を改定することがある。

（基本退職金の加減率）
第4条　基本退職金の退職事由別加減率は以下のとおりとする。
　(1)　会社都合による退職の場合は基本退職金満額を支給する。
　(2)　自己都合による退職の場合は別表1に定める率を適用する。

Ⅱ　賃金制度の現状把握

（特別功労金）
第5条　在職中、特に功労があったと認められる社員に対して、退職金に特別功労金を加算して支給することがある。支給額はその都度、その功労の程度を勘案して定める。

（算出金額の端数処理）
第6条　この規程による退職金の算出金額に1,000円未満の端数を生じたときは、これを1,000円に切り上げる。

（控　　　除）
第7条　退職金の支給に際しては、法令に定めるほか、支給を受ける者が会社に対して負う債務を控除する。

（支払の時期および方法）
第8条　退職金は、退職または解雇の日から30日以内に通貨で直接、支給対象者にその全額を支払う。ただし、その者の同意がある場合は、その指定する金融機関口座への振込み、または金融機関振出し小切手等の方法により支払う。

（遺族の範囲および順位）
第9条　本人死亡のときの退職金を受ける遺族の範囲および順位は、労働基準法施行規則第42条から第45条までに定めるところによる。

（退職金の不支給）
第10条　以下の各号の一に該当する者には、原則として退職金を支給しない。ただし、事情により第4条第2号に規定する自己都合退職金支給率を適用して算定した退職金の支給額を限度として支給することがある。
（1）　就業規則に定める懲戒規定に基づき懲戒解雇された者
（2）　退職後、支給日までの間において在職中の行為につき懲戒解雇に相当する事由が発見された者
2　退職金の支給後に前項第2号に該当する事実が発見された場合は、会社は支給した退職金の返還を当該社員であった者または前条の遺族に求めることができる。

（持ち点の付与）
第11条　会社は毎年4月1日に直前の計算期間の勤続ポイントおよび役職ポイント、評価ポイントを社員に付与し、その時点の持ち点に加算する。
2　勤続ポイントは別表2に定める。
3　役職ポイント、評価ポイントは別表3に定める。
4　本人の持ち点および付与点は懲戒事由が生じた場合は減じることができる。

（付与点の計算期間）
第12条　付与点の計算期間は4月から翌年3月までの期間とする。
2　一計算期間の中で勤続1年に満たない期間は、一計算期間を月数で按分して計算する。計算期間中における役職変更のときも同様とする。
3　前項の場合、1カ月に満たない期間は切り捨てる。ただし、計算期間中で役職が変更されたときは、当該月については上位のポイントを適用する。
4　休職期間については会社が特別に認めた場合以外は勤続期間としない。
5　毎年の付与点に端数が出た場合には、合計の小数点以下を切り上げる。

（社外業務に従事した場合の併給の調整）
第13条　出向等社命により社員が社外業務に従事し、他社より退職金に相当する給付を受けた場合には、その者の退職金は、この規程により算定された退職金から当該給付に相当する額を控除して支給する。

（外部積立てによる退職金の支給）
第14条　会社が、中小企業退職金共済制度その他外部機関において積立てを行っている場合は、当該外部機関から支給される退職金は、会社が直接本人に支給したものとみなし、第3条に規定する算定方法により会社から直接支給する退職金は、当該外部機関から支給される退職金の額を控除した額とする。

（改　　定）
第15条　この規程は会社の経営状況および社会情勢の変化等により必

要と認めたときは、支給条件・支給水準を見直すことがある。

附　則

この規程は、平成　　年　　月　　日から施行する。

別表1　基本退職金自己都合支給率表（％）

勤続年数	支給率	勤続年数	支給率
1	0	22	50
2	0	23	50
3	20	24	50
4	20	25	60
5	30	26	60
6	30	27	60
7	30	28	60
8	30	29	60
9	30	30	70
10	40	31	70
11	40	32	70
12	40	33	70
13	40	34	70
14	40	35	70
15	40	36	70
16	40	37	70
17	40	38	70
18	40	39	70
19	40	40	80
20	50	41	80
21	50	42 以上	80

別表2　勤続ポイント表

勤続年数	付与点	勤続年数	付与点
1	0	22	1000
2	0	23	1100
3	40	24	1200
4	60	25	1300
5	80	26	1400
6	100	27	1500
7	120	28	1600
8	140	29	1700
9	160	30	1800
10	200	31	1900
11	240	32	2000
12	280	33	2000
13	320	34	2000
14	360	35	2000
15	400	36	2000
16	480	37	2000
17	560	38	2000
18	640	39	2000
19	720	40	2000
20	800	41	2000
21	900	42 以上	2000

※　勤続年数は経過した年数とし、1年未満は月按分計算（1カ月未満は切捨て）とする

別表3　役職ポイント表

役職	付与点
部長	60
課長	50
係長	30
主任	20
副主任	10

評価ポイント

S	付与点	30
A		20
B		10
C		0
D		▲10

※ ポイントは変更することがある。
※ 懲戒を受けた者は会社の判断で合計持ち点から減点することがある。

9　災害補償規程、福利厚生規程、人事制度マニュアル、人事評価表

　社員に対する処遇は賃金だけではなく、昇格、昇進など人事面の処遇も大事である。しかし、ドライバーの場合は昇格や昇進で処遇できる機会が少ない。

　運送業のドライバーは、事故等が起こった際の生活保障に対するニーズが高いので、賃金以外で処遇するなら万一の場合の生活保障を検討するとよい。例えば「支払賃金は上げられないが、労災上乗せ保障を厚くしよう」、「ケガや病気で働けなくなった際に会社が加入している保険で援助しよう」などと打ち出すことである。このような賃金以外の処遇について現状を把握するためには、災害補償規程や福利厚生規程を確認することになる。賃金制度の見直しを検討する際には、賃金以外の処遇についても把握しておこう。

　人事制度の現状がわかる書類があれば、それも確認しておくとよい。人事制度マニュアル等が整備されている運送会社は少ないが、存在する場合は必ず確認する。人事評価表を作成している会社では、現在の評価表がどのような内容なのかを把握しておきたい。賃金制度改革を進める中で評価表の内容も見直す可能性がある。

10　労働協約（労働組合がある場合）、労使協定（三六協定、その他協定）

　労働組合がある会社の場合は、労働協約に記載されている内容を確認しなければならない。特に、賃金に関する合意事項は把握しておこう。

　また、三六協定等の労使協定についても現状を把握しておく必要がある。運転職は三六協定の目安時間が定められていないが、会社によっては事務員や庫内作業員と同じ時間数で届け出ており、労働実態が労使協定の限度時間を超過している会社も散見される。そのような場合は実態に合った適切な時間設定を検討する必要がある。

その他、労働時間の算定に関する労使協定等、社内で独自に作成している会社もあるので、賃金制度の構築に関連する労使協定はすべて再確認しておくとよい。

　併せて、社員代表者の選出方法について、選挙や挙手等の方法で適正に実施されているか否かを確認しておくとよい。会社が一方的に社員代表者を指名していた場合は、後日労務トラブルが生じた際に問題が発生するからだ。

III 賃金制度改革にあたり経営者からヒアリングする内容

1 経営理念

経営理念はその会社の「存在意義」であり、「何のために会社をつくったのか」という根本の考え方である。

当然、賃金制度を構築するうえで、よりどころとすべき土台である。経営者に経営理念について確認し、その会社の理念とかけ離れた制度づくりをしないよう心掛ける必要がある。

2 経営者が社員に求めること

経営理念にも通じる内容ではあるが、経営理念に基づいて会社の経営目標を達成するために、経営者が社員に求めることは何かを確認しなければならない。経営者が考える「社員の理想像」は何か？　と質問することである。

賃金制度は、経営者が求めていることを誠実に実行し、成果を挙げた社員に報いる制度づくりが必要になる。経営者の想いが賃金制度や評価制度に反映されなければならない。

3 社員教育に対する経営者の考え方

社員教育と賃金制度、人事制度は密接に結び付いている。

社員教育に対する経営者の考え方を確認することは、賃金制度構築の方向性に影響する。特に確認すべき事項は、具体的に現在力を入れて指導している事項、および今後注力して取り組みたい事項を確認することである。例えば、安全、作業品質、マナー、社会人としての一般常識、

管理者の指導力強化、営業力強化、原価計算等の実務遂行力強化等、具体的に項目を挙げて確認することで、これから構築する賃金制度や評価制度にどのように反映すれば効果的かを検討することができる。

4　現在の賃金制度を構築した時期と経緯

今回、賃金制度を再構築するわけなので、現在の賃金制度ができた経緯を確認することは大事である。そもそも誰がつくったのか、どういう経緯でできたのか、それ以前の制度はどのようなものだったのか──を聞き取ることが重要である。

先代社長時代からの制度なのか、現社長の代で構築されたものなのかを聞くことで、現在の賃金体系に現社長の想いがどの程度入っているのかを推測できる。また、過去に改定した理由を聞き取ることで過去にどのような問題が生じていたのかを確認できる。

これらの聞取り事項は、新賃金制度を検討する際の重要な情報になる。

5　現在の制度に対する課題認識

経営者として、現在の賃金制度にどのような課題を感じているのか、なぜ制度改定を考えているのか──を確認することが必要である。

現在、すでに何らかの不都合が生じているのか、現時点では問題が生じていないが、今後さらに会社を発展させるために見直したいと考えているのか。それを確認することにより、制度改定の重点ポイントや改定までの時間軸が明確になり、段階的に優先順位を付けて解決していくのか、もしくはある程度時間をかけてもトータル的に検討し、一気に制度改定を行うのか──という計画が立てやすくなる。

6　制度を見直したい点とその理由

具体的に見直したい点があるのであれば、その理由も含めて聞き取る

必要がある。

　このとき気を付けるべき点は、経営者の認識が必ずしも正しいとは限らないということである。例えば、経営者が現状を誤解している、もしくは経営者の個人的な好き嫌いの問題、法律に照らして問題がある希望事項等が出た場合は、そのまま採り入れることは避けなければならない。

　経営者の希望どおりにそのまま制度を構築するのではなく、経営者からの聞取りをもとに、どのように改定すればより良い会社になるのかを検討し提案しなければならない。

7　現制度中の維持したい部分とその理由

　経営者によっては、「歩合給はどうしても維持したい」と考える人がいる。人手不足対策は確かに喫緊の課題だが、歩合給制度を失くしてしまうことはできない、などの声である。経営者の肌感覚で、その会社に必要な制度のイメージを普段から持っていることが多い。そして、それは外部から見ても簡単にはわからない社員の気質に関連することなのである。

　経営者が「現制度のこれは、どうしても維持したい」と言うことは、正しいことが多い。実際に現場を運営している経営者の感覚を尊重しつつ、財務面やコンプラ面等も考慮して運送業に最適な制度を検討することが大切である。

8　現制度に対する社員の納得度、満足度

　賃金制度は、当然ながら社員を相手に会社が構築するものである。現制度を再検討する場合は、社員が現制度に対して不満を感じているのか、現制度に満足しているのかは、重要な情報である。

　社員の声が具体的に経営層にまで伝わっているのであれば、それを確認しておく必要がある。

9　社員から具体的に聞いた現在の賃金制度に関する不満の声

　経営者が直接もしくは管理職経由で聞いた不満の声があれば、確認しておく。賃金に対する社員の不満は何なのかを確認しておくことは、大事なことである。

　その際、注意すべきはその不満の内容が早急に解決しないといけない内容か否かの判断である。単にもっと給料を上げてほしい、という声だけであれば、これはどの運送会社でも聞かれる内容であり、問題は少ないが、最も注意すべき声は、社員間での処遇の不公平感を訴える声や、残業代の未払い等コンプライアンスに関連する不満の声が発生しているケースである。そのような事態を確認した場合、早急に制度改革の中で改善していく必要がある。

　なお、賃金以外の労働時間や休日、休暇、作業内容等、過労に結び付く不満の声にも注意を傾け、制度改革の中で是正する計画を立てるとよい。

10　過去の行政監査での指摘事項等

　労働基準監督署や陸運局、税務署等の調査、適正化指導機関の巡回指導等、運送会社を指導監督する行政機関から過去に指導や是正勧告等を受けた経緯があれば、その指導内容と是正状況も確認しておかなければならない。

　賃金制度を再構築する際は、財務等のマネジメントの側面とコンプライアンスの側面の両面を改善する視点が必要である。コンプライアンスに関して必ず解決しておかなければならないのは、すでに是正指導を受けた事項である。

　過去の是正勧告書や是正報告書、もしくは行政処分の内容については詳細に聞取りをして把握することが重要である。

11　過去に発生した労使トラブル等の状況

　過去に発生した労使トラブルの内容を聞き取ることは、制度改定の際に重要な情報となる。過去もしくは現在進行中のトラブルについては、その原因と経緯について詳細に聞き取るべきである。同様のトラブルを回避する制度改定を行わなければならない。

　そして、トラブルの原因となった事項がいまだに解決されていない場合には、その事項の解決に向け優先順位を付けて早急に取り組むべきである。賃金制度改革は状況により、段階的に行うことも多々ある。

Ⅳ 賃金制度改革にあたって考慮すべき重要ポイント

　運送業の賃金制度改革を進めるにあたり、考慮すべきポイントを列記すると、下記のとおりである。
・コンプライアンス
・人材確保
・労働環境改善
・経営の維持・安定
・社員のモチベーション
・数年後に目指す会社の姿
・分社化・持株会社化等、組織再編の可能性

1　コンプライアンス

　コンプライアンス（法令順守）は、いうまでもなく避けて通れない重要事項である。
　近時、コンプライアンスの欠如により大きなダメージを受ける運送会社が多い。特に、残業代の未払問題で訴えられる会社が目立つ。
　経営者が現状を改善する必要性を認識しながら手を付けていないのは、どうすればよいか皆目わからないからである。今の歩合給を全部廃止して固定給と残業代に変えれば問題がないのはわかるが、現実には難しい。今すぐにそれをやれば今まで納得して働いてくれたドライバーが離職するのではないか、人手不足で大変な時期に賃金の大幅な変更は難しい、との不安を訴える経営者は多い。その場合は、ともかく現状を変えるべく、段階的にステップを置いて改善作業を進めることである(注)。
　大事なことは、コンプライアンス上明らかに問題となる点を1つ1つ潰していくことである。その際、賃金改定は会社が一方的に行うのではなく、社員個々の合意を取り付けながら、着実に手順を踏んでいけばよ

い。

(注) コンプライアンスの段階的な改善

　現状の問題点を一気に解消することが難しい事情がある会社の場合は、最も問題となる点から優先順位を付けて1つ1つ改善する方法を採る。

　例えば、次の手順で進める。

① 労働時間管理をまったく実施していない会社の場合は、まず時間管理の適正化からスタートする。具体的にはデジタルタコグラフの導入と運用、日報記載方法のルール化、時間管理の責任者を指名、管理職への趣旨徹底、等を実施する。

⬇

② その後に賃金台帳への適正な記載、賃金体系の整備へと進める。

⬇

③ 賃金体系の問題点が多々見られる場合は、最も問題になりやすい残業代未払いの解決と最低賃金違反の解決を優先的に行う。

⬇

④ 残業代未払いに関して、賃金を大幅に変更できない事情がある場合は、現状の賃金構成を修正し、所定内賃金と割増賃金との区分を明確化することから改善する。

⬇

⑤ 法定の支払必要額に対して明らかに不足している場合は、賃金水準の上方修正を実施する。

⬇

⑥ 割増賃金等の賃金計算方法を社員に改めて周知し、納得を得たうえで、全社員の合意を文書で取り、後日誤解やトラブルが生じないようにする（この場合、法定額との比較、不足額の補填ルールは必須）。

⬇

⑦ コンプライアンスの意識が芽生え、社内（特に幹部社員）に定着した段階で抜本的な賃金改定に進む。

2 人材確保

運送業界は現在、未曽有の人手不足に喘いでいる。

従来のようにドライバー経験者だけの中途採用では人材が不足し、物流が停滞するおそれがある。今後は、未経験者の採用と育成がキーワードになってくる。特に、新卒を含めた若年者や女性の採用、高齢者の継続雇用による活用等に真剣に取り組まなければならない。

人材確保のためには、労働時間の削減や職場環境の整備、社員との良好なコミュニケーション、キャリアプランの明示等、賃金以外の取組みも重要であるが、やはり労働条件の重要な柱である賃金制度の整備は欠かせない。これからの賃金制度は、人材採用と定着の観点を加味したものに整備する必要がある。

具体的には、ハローワークの求人票や求人広告、インターネットの求人情報サイト、自社のホームページ等で自社をアピールする際に「この会社は良さそうだな」と思わせるような賃金制度が望ましい[注]。賃金体系のつくり方次第で求職者へのアピール度合が変わる。

（注） 人材確保策として見た賃金体系の検討事項
　　　＜若年層、未経験者、女性の採用促進の観点から＞
　① 求人票の賃金欄「a + b」の金額を上げる
　　　具体的には　・歩合給➡固定給への一部移行
　　　　　　　　　・日給制より日給月給制へ
　② 不安をあおる手当は改定する
　　　具体的には　・無事故手当➡安全評価手当への改定
　　　　　　　　　・弁償金➡廃止を検討
　③ 魅力がある手当にする
　　　具体的には　・家族手当より住宅手当（独身の若手にも恩恵がある手当）
　　　　　　　　　・保有免許・資格に対する手当（技能とキャリアが反映される手当）
　④ 働きやすい賃金体系を検討する

具体的には　・短時間正社員制度の新設（週3～4日勤務の正社員1日5～6時間勤務の正社員）
　　　　　　　　　・日給制、時給制正社員の新設（ライフサイクルに合わせた勤務が可能、育児介護との両立可能）
⑤　選択制の賃金体系
　　　具体的には　・安定固定給と業績給との2本立て（習熟度に合わせて選択が可能）
⑥　入社の直接メリットをアピールする
　　　具体的には　・入社祝い金制度（試用期間を過ぎて本採用時に100,000円程度支給）
⑦　中型・大型免許取得支援制度
　　　具体的には　・免許取得費用の補助制度を明確化（例：全額会社立替え、半額本人負担、毎月返済ただし2年で返済免除、等）

＜高齢者雇用の観点から＞
①　正社員と同様の賃金体系
　　　具体的には　・業績給の継続、同水準の賃金を維持（モチベーションの維持・向上）
②　選択型の賃金体系を導入
　　　具体的には　・3体系の選択型
　　　　　　　　　㈲「バリバリ型」（正社員と同じ仕事・賃金、フルタイム）
　　　　　　　　　㈹「ゆとり型」（賃金7割に低下、週4日勤務、or残業なし）
　　　　　　　　　㈱「パート型」（賃金5割に低下、週3日勤務）
　　　　　　　　　（本人の希望、ライフプランに合わせて選択可能、選択タイプにより高齢者継続雇用給付金の活用）
③　65歳の完全リタイア時に功労金
　　　具体的には　・60歳定年時とは別に65歳リタイア時にも功労金支給（仕事の励みになる）

Ⅳ　賃金制度改革にあたって考慮すべき重要ポイント

3 労働環境改善

　労働環境改善の対策は、荷役作業の機械化による負荷軽減や、炎天下での長時間作業の改善、洗車設備の整備、更衣室・トイレ等の施設の改善等、検討すべき課題が目白押しである。中でも、賃金や人事制度に関連する対策として「長時間労働の抑制」が最重要である。残業や深夜、休日出勤等の削減に本気で取り組まなければならない。

　今後は、ワークライフバランスの観点を欠くと人が集まらない時代になった。賃金制度を見直す際に、単に時間をかければ賃金が上がる仕組みにすると、残業時間稼ぎにつながり、時間短縮に結び付かない。真に重要なのは、「社員が効率よく仕事を遂行した場合に、より高い処遇が受けられる」という仕組みである。

　コンプライアンスを順守しつつ、この命題を解決することが理想といえる。賃金制度改革では、この観点を忘れてはならない。

4 経営の維持安定

　経営の安定化は、社員の雇用維持に直結する。賃金制度を検討する際に大前提となる重要な観点だ。

　企業を取り巻く環境は刻々と変化しており、特に運送業界は環境変化の波が激しい。舵取りを誤り、変化に乗り遅れると経営が行き詰ることになる。状況をよく見てマネジメントとコンプライアンスのバランスをとりながら進めることが肝要である。

　賃金制度改革に際して、いきなり背伸びをした理想形を導入して資金繰りに支障をきたす会社もある。「改定しなければよかった」と後悔することになりかねない。財務に支障をきたさないよう、経営の維持安定が制度改革の目的であることを頭に入れておくべきだ。

5　社員のモチベーション

　社員のモチベーションが向上する仕組みを、賃金制度に組み入れることが重要となる。
　将来ビジョンが描ける仕組みを、人事制度の中に採り入れる。例えば、ドライバーとして入社しても、将来運行管理者の資格にチャレンジし、配車係から管理職へと、管理者の道に進む道筋が見えていることが大切である。また、賃金は「がんばれば報われる」と実感できる制度が必要である。
　一方、事故を起こすと弁償金をとられる、ミスをすると給料が減額される――など、減点主義の制度では人が育たない。発展する強い会社にするためには、社員が「明日もがんばろう」と思えるような賃金制度をつくり上げることが求められる。

6　数年後に目指す会社の姿

　「数年後にわが社はこのような営業戦略で勝ち残る」、「その時の車両数は〇台、社員数は〇人を目指す」、「人事戦略はこのようにレベルアップさせる」――など、会社の理想像を描くことが必要である。
　賃金制度は、将来に向けてつくるものである。今の状態だけを見て構築すると、次の成長につながらない。例えば、「今の人数なら、自分が全員の働きぶりを毎日見ているので、評価制度など必要ない」とか、「自分が見て、さじ加減で特別手当を決める」という経営者がいたら、「今はそれで会社を運営できても、数年後にはどうか？」と問いかけなければならない。
　数年後の会社の姿に近づけるステップとして、制度構築をする視点が大切である。

7　組織再編の可能性

　会社は、常に現在の体制を維持するとは限らない。将来的に事業承継もしくは経営戦略上の判断で、分社化や持株会社化、あるいは企業買収によるグループ経営に移行するかもしれない。

　そのような選択肢も事前に考慮したうえで、賃金制度改革を進めるとよい(注)。そうすると、経営戦略により「現在の組織を見直す場合には、こう変えればよい」などと事前に対策を検討しておくことができる。

　将来を見通し、先取りして検討しておくことで、適時適切な経営戦略を展開することができる。

（注）　組織再編の目的とケース別に検討するポイント

　　　＜分社化と持株会社化＞

　　　・目的1　経営者の子息が複数在社している場合の事業承継対策

　　　　　例えば、現在の会社を分社し、長男には現本社事業所A社の経営を任せ、次男には分社後のB社の経営を任せることで、互いの経営独立性を確保し、身内間の衝突を回避する目的

　　　　　検討すべき事項……分社後の各業態・組織とそれぞれの管理者
　　　　　　　　　　　　　　分社後の業態区分に応じた賃金制度の検討
　　　　　　　　　　　　　　持株会社設立の可否（相続対策）

　　　・目的2　行政処分対策による分社と持株会社化

　　　　　例えば、予期せぬ死亡事故の連続発生等により営業停止処分を受けた場合に、全社が機能停止にならないよう、あらかじめ荷主の物流体制維持を図る目的

　　　　　検討すべき事項……持株会社を貨物運送取扱事業とするか、貨物自動車運送事業とするかの判断

　　　　　その場合の各組織と管理者
　　　　　業態区分による事前の保有車両見直し

＜M&A、企業買収グループ化＞
・目的　事業拡大、人手不足対策、コンプラ対策の迅速化
　　　　　　　　　⬇
　　例えば、複数の物流施設や人員の共有化による幅広い戦略展開と効率化の促進
　　人手不足対策による人員確保
　　長距離輸送の中継拠点確保（コンプラ対策、長時間労働抑制）を図る目的
　　　　　　　　　⬇
　　　検討すべき事項……賃金体系の統一可否と具体的な改定案
　　　　　　　　　　　　出向人材の処遇
　　　　　　　　　　　　賃金水準の検討

V 運送業における賃金制度構築の具体的な進め方

具体的な賃金制度構築の進め方は、下記に列記した手順で行う。ただし、前後の検討事項が密接に関連しているため、都度修正し、整合性を検討しながら進める必要がある。

① 賃金制度の基本理念を検討

② 財務分析、車種別賃金相場等から支払賃金の適正額を検討

③ 地域別最低賃金等から所定内賃金の水準と構成を検討

④ 実際の所定外労働時間数から割増賃金支払必要額を検討

⑤ 運行形態、車種等から見た適切なインセンティブを検討

⑥ 諸手当の支給基準を検討

⑦ 評価制度と賃金への反映を検討

⑧ 全体の賃金構成を再検討し仮確定

⑨ 賃金シミュレーションの実施

⑩ 例外ケースを含め再度検証し確定

⑪ 激変緩和措置・代償措置等の検討

⑫　社員説明資料の作成
　　　　　⬇
⑬　社員説明会の実施
　　　　　⬇
⑭　社員個々の同意書および社員代表の意見書
　　　　　⬇
⑮　規定変更届出
　　　　　⬇
⑯　新賃金制度スタート
　　　　　⬇
⑰　制度運用後の問題点チェックおよび検討と修正

　上記の各手順について補足の説明をすると、以下のとおりである。

1　賃金制度の基本理念

　賃金制度の基本理念とは、「当社は何を基準に社員を処遇するか」を決めることである。例えば、職務内容で賃金を決めるのか、職務遂行能力で決めるのか、年齢や勤続で決めるのか、出来高で決めるのか、根本となる賃金の決定基準を明確にすることである。
　そもそも、運送業に合う賃金制度とは何なのか。
　結論からいうと、運送会社ごとに最適な賃金制度は異なる。完全歩合給制度が最適な会社もあれば、日給制の固定賃金が最も運用しやすいという会社もある。また、他産業と同様に職能等級制度に基づく職能給体系で支障なく運用されている会社もある。やはり、その会社の経営理念や社員の気質にピタリと合う体系がいちばん良いのである。
　ただし、平均的に見ると、運送業で圧倒的多数を占める実運送主体の中小運送会社に比較的当てはまる体系は、職務に応じて決める職務給であろう。なぜなら、実運送主体の中小運送会社の場合は、ドライバーとそれ以外の職種で労働時間や業務内容および労務管理の方法が大きく異なり、会社が社員に期待する内容も異なるからである。

さらに、社員が賃金制度に期待する内容も職種により異なる。事務職は固定給を求め、ドライバーは仕事のインセンティブを求める傾向がある。インセンティブが仕事へのモチベーションになるからである。

　賃金の基本理念を職務給ベースと決めたら、職務に応じて賃金を決めることになる。年齢や勤続は考慮しない。実際には基本給で差を付ける方法以外に、基本給を一律にして別途職務手当で差を付ける方法もある。ドライバーには適度な歩合を付けて、その他職種には固定的手当で支給する方法が運用しやすい。

　いずれにしても、最初に「当社の基本理念はこれ」と決めなければ、基本理念に合わせた賃金制度の構築が進められない。その際、組織変革等を予定している場合は、将来の組織体制を踏まえて検討することが肝要である。

2　支払賃金の適正額を検討

　運送業の経営分析に関して前述したとおり、運送業の賃金は毎月の収受運賃で決まってくる。収受運賃に車種別労務費率をかけた数字から法定福利費等を除いた金額が支払賃金の限度額である。

　また、人手不足対策として、採用できる賃金水準にしなければならない。近隣の車種別賃金相場を考慮する必要がある。つまり財務分析の結果と賃金相場を両面で検討し、支払賃金の適正額を検討する作業が欠かせないのである。

3　所定内賃金の水準と構成を検討

　地域別最低賃金を上回る賃金体系を検討する必要がある。最低賃金にカウントできる基本給と手当の構成を検討する。

　歩合給の導入を検討する場合は、その計算方法に注意をしなければならない（歩合給部分は、総労働時間で割り算する）。

4 残業実態の確認

時間外、深夜、休日等、所定外労働時間の実態を分析し、割増賃金として毎月どの程度の金額を支払う必要があるかを確認する。
2と**3**を相互に検討しながら、適正な賃金構成を選択する作業を行う。

5 インセンティブの検討

運行形態や車両の種類、荷役作業の実態等から適切なインセンティブを検討する。どの指標が最も納得感があるか、その指標のデータ収集は可能か――などを検討する。
賃金に反映する業績データの確認を行い、適切な歩合率を検討する。インセンティブを検討する際に、財務面の課題解決に結び付く指標を考慮しておくとよい（コスト削減効果を組み込むなど）。

6 諸手当の検討

諸手当の詳細について検討する。数多く付けるよりも、評価手当等、なるべく業務に関連する手当に絞り込むほうがよい。
もし、生活関連手当を検討する場合は、求人対策につながる手当を検討する。家族手当より住宅手当のほうが、若い社員の採用には効果的である。所定外賃金についても検討する。

7 評価制度の検討

評価制度と賃金への反映方法を検討する。
評価基準と評価者を決め、評価表の検討を行う。月例賃金と併せて、賞与、退職金等への評価の反映を検討する。

8 賃金構成の再検討

上記の **1**〜**7** までの検討内容を相互に確認し、制度上の問題がないかを再確認する。

9 賃金シミュレーションの実施

過去1年の賃金データをもとに、個人ごとに月間平均賃金支給額を算出。新制度で計算した賃金額との対照比較を行う。
このとき、歩合給部分の計算は過去1年間の業績データから、個人ごとに月間平均値を算出して適用する（図表2－10）。

10 例外ケースを含め再検証

シミュレーションを行うと、大抵の場合は例外ケースが発生する。採用時の事情や、その他何らかの理由で賃金が通常の水準とかけ離れた社員が出てくる。
また、仕事内容が特殊で、歩合計算すると異常値が出てしまう社員が

●図表2－10　賃金改定シミュレーション作業表の例

	情報										現行											
	氏名	勤続年数	車種	業務	売上	高速料	出勤日数	うち休日	時間外	休日時間	深夜時間	基本給	役付手当	精皆勤	無事故	作業	宵積	携帯	その他	基準内計	歩合率	歩合	調整分	現行給与
1																								
2																								
3																								
4																								
5																								
6																								
7																								
8																								
9																								
10																								
56																								
57																								
58																								
59																								
60																								
	合計																							

いる。これらの例外ケースに対して調整手当で処理するのか、歩合給に組み込むのか、その処理方法を検討する。

11　激変緩和措置・代償措置等の検討

　新制度に変更したときに賃金が下がる社員がいたら、激変緩和措置を行う必要がある。

　通常は調整手当等で、1年間程度補填することになる。数万円の低下になる等差額が大きい場合は、調整手当を固定化するか、もしくは再度シミュレーションに戻り、歩合率等を再検討する。

　賃金制度改革は、改定時に賃金の低下を伴わないように行うことが原則である。たとえ残業単価の変更等で不利益変更が発生する場合であっても、それを社員に説明して納得してもらう必要がある。そのためには改定時での賃金減額は避けなければならない。

　また、傷害保険付保等の福利厚生充実化や退職金制度の新設、休日休暇の増設等、賃金以外で処遇面の優遇措置を検討するのであれば、賃金改定に併せて代償措置としてそれを明示する。賃金制度の改定時には往々にして不利益変更が発生しやすいので、慎重に進める必要がある。

| 所定労働時間 | 172.8 |

変更後																
新基本給	無事故	精皆勤	基準内計	率	標準時間外	割増賃金補填	割増賃金計	合計	日当	月額総計	月例差額	残業単価	休日単価	深夜単価	残業計	残業充足率	売上高比率

Ｖ　運送業における賃金制度構築の具体的な進め方

12　社員説明資料の作成

　賃金改定を実施するときは、社員への十分な説明が必要になる。この手続きを省くと、後日「聞いていなかった。会社が一方的に変更した」というトラブルが発生するおそれがある。

　社員説明は資料を作成し、全員に対して丁寧に行ったほうがよい。また、資料は詳細に作る必要はなく、ポイントが理解できるように作ればよい。

　筆者の経験では、中小運送会社の場合でA4・1～2枚程度、中堅規模の会社でA4・3枚程度の資料である。記載すべき事項は、①現在の経営環境と当社の状況、②賃金改定の目的、③賃金改定の内容、④経過措置等、⑤今後の予定――等である。

　賃金の引下げが目的ではない点を、明確に伝える必要がある。将来の発展に向けて、社員がやる気を持てる賃金体系に修正するとの主旨が伝わる内容にする。

　また、激変緩和措置等についても記載するとともに、疑問点や意見があれば申し出るよう記載する。

■ 新賃金制度説明資料の例

新賃金制度説明資料

〇〇年〇月〇日
〇〇〇株式会社　総務部長　〇〇　〇〇

1. はじめに

　日本経済が若干上向きに転じる兆しもありますが、我々物流業界を取り巻く経営環境は依然として厳しいものがあります。とりわけ中小運送会社の事業環境は年々厳しさを増しております。荷主からの物流品質に対する要求が年々高まる一方、物流コスト引下げへの要望は依然として変わりありません。また、近年は恒常的な人材確保難であり、その対策に苦慮していることは社員の皆さまもご承知のとおりです。
　コストアップ要因が続く厳しい事業運営を余儀なくされておりますが、このような環境下で勝ち残るためには、早期にコスト競争力を付け、競合他社との競争に打ち勝たなければなりません。

2. わが社の現在の経営状況

　わが社は〇〇年より中期経営計画のもと、不採算部門からの撤退など数々の対策を打ち、事業の体質強化を図ってまいりました。その結果、前年度の売上は〇〇円、経常利益はプラス〇〇円となり、長年続いた赤字体質をようやく脱することが出来ました。
　皆様の努力のおかげで事業健全化の方向性が見えてまいりましたが、ここで手を緩めることなく、よりいっそうの経営体質改善を進める必要があります。

3. 給与改定が必要となる理由

　今回の給与改定は賃金の引下げを目的としたものではありません。従来の賃金体系に内包していた不公平感を改善すること、およびがんばっ

た社員が正当に報われる体系への見直しを意図しています。生産性の高い社員が処遇される公正な体系を目指します。

　具体的な要点は、以下のとおりです。

① 　近年実施してきた事業の統廃合や業務の再編により、同一の業務で不公平な賃金格差が生じてきたため、これを適正に修正する。

② 　従来の賃金体系は個人の努力が直接賃金に反映されず、不公平感を生じていた。今回から明確な評価制度を導入し、正しく報われる体系に変更する。

③ 　残業の支払い方に一部不明瞭な面があったため、今回の改定により明確にする。

④ 　仕事に無関係な意義の薄い手当を見直し、体系をシンプルにわかりやすく改定する。

　　　　　　　　　　　　（以下略）

13　社員説明会の実施

　社員説明資料を使って、社員説明会を実施する。
　賃金の変更点のほか、規程類の変更点も説明する。会社の社員数にもよるが、全員を1カ所に集めて説明会を実施できない場合は、事業所ごとに説明会を開く。
　賃金改定の説明は、十分に内容を理解した者が行う必要がある。各所長に任せると間違った説明をして混乱することがあるので、通常は総務部長や総務課長が行う。中小企業の場合は、経営者が行うこともある。
　その場で質問が出たら、丁寧に答えることが大事である。社員説明会を実施した際は、会議記録をとり、開催風景を写真に撮っておくなど、後日のトラブル防止に備えておくとよい。

14　個々の同意書と社員代表者の意見書

　社員説明会が終了したら、社員個人ごとに同意書を書いてもらう。
　同意書では、賃金改定に関する説明会に出席し説明を聞いた旨の確認とともに、改定後の賃金に同意する旨の署名を徴求する。個人ごとに賃金がどう変わるのかを、面接して丁寧に説明するとよい。
　賃金規程や就業規則等の規程変更については労働基準監督署に変更届を提出する必要があるので、社員代表者から意見書をもらう。このとき、社員代表者は適正に選出された者でなければならない。後日問題が発生しないよう、法に則り確実に手続きを進めることが肝要である。

■ 同意書の例

平成　年　月　日

●●　●●　殿

給与改定確認書

労働条件の変更日	平成　年　月　日	
月例給与額	旧月例給与額	新月例給与額
	月例給与額　　　　　　円	月例給与額　　　　　　円
	（内訳） (1)　基本給　　　　　　　円 (2)　調整手当　　　　　　円 (3)　役職手当　　　　　　円 (4)　職務手当　　　　　　円 (5)　技能手当　　　　　　円 (6)　住宅手当　　　　　　円 (7)　地域手当　　　　　　円 (8)　扶養家族手当　　　　円 (9)　教育費手当　　　　　円 (10)　別居手当　　　　　　円 (11)　その他手当　　　　　円	（内訳） (1)　基本給　　　　　　　円 (2)　役割給　　　　　　　円 (3)　技能手当　　　　　　円 (4)　職務時間外手当 ※　円 ※毎月45時間分の時間外勤務手当として支給
時間単価の計算方法	上記(6)(8)(10)を除く月例給与額 / 月の平均所定労働時間数	上記(4)を除く月例給与額 / 月の平均所定労働時間数

　平成○年○月○日の説明会に出席し、上記労働条件に変更することについて説明を受けました。この労働条件に変更することを了解しました。

●●部
氏名　●●　●●　　　印

15　規程変更届け出

それぞれ2部コピーして、意見書とともに労働基準監督署に提出する。

16　新賃金制度スタート

通常は、会社の事業年度に合わせ、年度初めにスタートするケースが多い。しかし、コンプライアンス上の問題があるなど急を要する場合は、年度途中でスタートすることもある。

筆者の経験では、4月スタートの事例が最も多く、続いて1月スタートや10月スタートの事例が多い。

翌月の給与支給日に渡す給与明細書から内容が変更になるので、翌月の給与支給日の前日に再度、給与変更について事前通知しておくと混乱が避けられる。

17　新体系開始後の検証と修正

賃金改定後の運用段階で初めて気が付く問題もある。当初想定していなかった問題が生じることもあるので、新制度がスタートした後も問題点を確認し、都度対処法を検討しなければならない。

不満や疑問の声が出た場合は、放置せず、適切に対応することが新制度の定着につながる。スタートから半年後を目途に新制度に関する総括を行い、修正すべき点があれば見直す。一度決めたら容易に修正しないという硬直的な姿勢はトラブルに結び付くので、注意したい。

Ⅵ 保有車種によるドライバー賃金体系の類型

　保有する車種や業務内容により、適する賃金体系が異なってくる。以下に掲げる内容は、筆者のコンサルティング経験に基づき、主な賃金体系を類型化したものである（車種や業態は多岐にわたるため、代表的な一部車種および業態について取り上げる）。
　ただし、同一の車種や業態であっても各企業の実状により、適する賃金体系が変化する場合があることに留意願いたい。

1　トレーラー

（1）　海上コンテナ輸送

　海上コンテナ輸送の特徴は、ドライバー自身による積卸し作業がなく、港湾作業員による積込み作業が終了するまでの待機時間が長いことである。一車一人制が多く、ドライバーの責任車両が決まっている。運行方面もほぼ一定である（ただし、会社によっては運行方面が日々変化することもある）。
　賃金体系は、基本給＋運行手当の体系が主流である。基本給は、最低賃金を上回る程度。割増賃金を運行手当として支払っている会社が多い。運行手当を採り入れていない会社は、ほぼ売上歩合を採り入れている。
　同じ仕事でも所要時間が一定でなく、待機時間により変化するため、都度時間計算をして賃金を支払っている会社は少数である。

（2）　キャリアカーによる新車・中古車輸送

　キャリアカーによる車両輸送の特徴は、積卸し作業時に商品（車）に傷を付けないよう相当の慎重さを要求されることである。そのため詳細

な作業マニュアルが決められており、神経を使う。運転はよいが、作業がきつすぎると辞めてしまうドライバーも多い。

　所要時間は11〜12時間程度で標準所要時間が設定されており、突発事項等で作業の遅れが発生しないかぎり、所定の拘束時間内に収まるようにシフトが組まれている。手積み手降しはないが、熟練度が求められ、社員定着には比較的高給な処遇が必要になる。

　賃金体系は基本給＋諸手当＋歩合給＋時間外手当の体系が多い。ただし、一部には運行手当で支払っている会社もある。他の業態に比して若干固定給のウエイトが高い傾向がある。作業品質を重視するため、評価制度を導入し、処遇に反映しているケースが多い。

2　ダンプ・クレーン車

　ダンプとクレーン車は建築関係の仕事に使われる。

　ダンプの特徴は、人の手による積卸し作業がなく、運転業務が主となることである。また、運行方面が日々異なるという特徴がある。積卸し作業がないため、女性ドライバーが活躍しやすい業態でもある。

　ダンプの賃金体系は、売上歩合が圧倒的に多い。完全歩合に近い体系もよく見られる。過去の白ナンバーから現在の青ナンバーに切り替えた会社もあり、賃金体系は従来の体系を修正して使っている会社がよく見られる。会社によっては、距離歩合を採り入れているところもある。これは、運搬する建設現場が多方面に分散しているケースで見受けられる。

　クレーン車は、オペレーターによる技能が左右する仕事である。建設現場の事情により待機時間が発生するため、労働時間が一定ではない。ただし、クレーンの場合は売上歩合等ではなく、行先別（距離別）による運行手当で都度支払っている会社のほうが多い。基本給＋運行手当の体系である。

3　大型トラック（10トン車等）

　大型車による輸送は、長距離が多い。その業態は多岐にわたり、賃金体系も多様である。ただし、長距離が多く、運行方面も多様になるため、ドライバーの自己管理に任せる部分が多くなる。要領のよい熟練ドライバーと未熟な新米ドライバーとの生産性の違いが如実に現れる。よって、歩合給を導入して熟練ドライバーのやる気を喚起し、生産性向上へのモチベーションを上げている会社が大半である。
　歩合の設定基準は売上、距離、運行手当、売上 − 燃料・高速代等、会社によりまちまちである。4～5日運行等、長期間にわたる長距離運行が常態としてある場合は、方面別運行手当と日当旅費の組合せで支払っている会社が多い。

4　ウィング車

　ウィング車は、荷の積卸しにフォークリフトを使う機械作業となるため、ドライバーの負担を軽減することができる。そこで、手積みや手降しがない場合、女性ドライバーに十分活躍してもらうことができる。
　賃金体系は上記のとおりまちまちだが、平ボディのように積卸み手当を別途付けるケースは少ない。

5　平ボディ車・ハコ車

　平ボディ車でシート、ロープ掛け、手積み手降し等の作業が伴う場合は、作業の負荷を賃金体系に反映する仕組みを導入しないと不平不満が出てくることがある。歩合給を導入している会社では要検討項目となる。
　平ボディ車・ハコ車は使途が広範囲にわたり、種々の貨物に対応できるため、積載する荷が日々変わるという会社も多い。スポットで受注している会社もよく見られる。歩合給の導入比率は高い。

6　タンクローリー

　石油、その他液体の輸送に活用するローリー車の場合は、当然手積み手降しはない。しかし荷の種類によっては、荷の注入作業時にきわめて慎重な作業を要求される。
　危険物の取扱いとなる場合、免許が必要になる。注入作業時のミスは許されないため、マニュアルが詳細に定められている。
　この業態は配送先が一定で、ルート配送に近い業態と、配送先が日々変わるダンプに近い業態が混在しており、その実状に応じて賃金体系を検討する必要がある。
　ローリー車のドライバー賃金体系は、運行手当を導入している会社と売上歩合を導入している会社が多く、おのおの半数程度見られる。

7　2トン車～4トン車

　主に地場・近距離の集荷、配送に使用される。
　貨物の種類は多岐にわたる。積降し作業の有無や負荷もさまざまである。手積み手降しの負担がなければ、女性ドライバーに最も活躍してもらえる車両である。自宅に近い運送会社で勤めて、その日のうちに帰りたいという女性のニーズにマッチする。
　最近は女性ドライバー採用に向けて、固定給主体の賃金体系を導入する会社も増えつつある。しかし、依然として歩合給を導入している会社が過半数を占める。立寄り件数や配送個数等、細かく歩合設定を行うことが多い。

8　郵便逓送・清掃車両等

　郵便逓送（幹線を除く）と清掃車両とは業務内容はまるで違うが、労働時間に関して共通点がある。いずれもほぼ一定の時間内で業務を終了することができる。

また、定型化した仕事であるため、歩合給を設定する必要性が低い。そのため、固定給主体で支払っている会社が大半である。

　最も重視しているのは勤怠である。急に休まれて穴があくことが最も困るので、皆勤手当を設定している会社が多い。

　基本給＋諸手当（皆勤手当、家族手当等）＋時間外手当の体系が多く、運送業の中では固定安定型に属する。

第3章

運送業の賃金制度の実例

はじめに

　運送業の賃金体系はさまざまであり、問題点や改善の方向もさまざまである。いくつか実例を挙げて考察したい。現状の問題点と改善すべき方向を考察し、段階的に改善を進めたケースを取り上げる。

　なお、秘密厳守の観点から、数値等に修正を加えている。また、コンプライアンス面での課題が残る会社もあるが、改善に向けた過程と捉えていただきたい。

Ⅰ 残業代未払い請求トラブルを機に、賃金体系の改定を検討した地場・近距離配送 A 社の事例

> **設例 1**
>
> 　A 社は、社歴が長い老舗の運送会社である。現在の主力取引先は、地場の中堅スーパーと全国チェーンのコンビニエンスストアである。その他食品や雑貨の配送があり、いずれの取引も安定している。
>
> 　業績が比較的順調で、これから人材採用に積極的に取り組もうとしていた矢先に、あるドライバーとの間でトラブルが勃発した。退職したドライバーから残業代の未払い分を請求する書面が届いたのだ。社長は寝耳に水で、予期せぬ事態に右往左往するばかり。なぜ請求されたのか、その意味が理解できない様子である。
>
> 　このドライバーとの交渉は、幸いにして総務部長が真摯に向かい合い、話合いの結果、和解金で解決した。しかし、同じ問題がまた発生しないように手を打たなければならない。現在の賃金体系に問題があるとすれば、早めに改定を検討する必要がある。

現　状

＜ A 社の賃金体系（運転職）＞

・基本給　　　　120,000 円
・無事故手当　　20,000 円
・皆勤手当　　　10,000 円
・家族手当　　　配偶者 5,000 円　　子 3,000 円（3 人まで）
・業績歩合　　　売上歩合　実運賃収入の 5％
　　　　　　　　距離歩合　走行距離×距離単価 5 円
　　　　　　　　立寄り件数　配送先の件数× 250 円
・通勤手当　　　10,000 円前後

・支給総額　　　300,000 円程度

＜稼働状況＞
① 平均して月 23～25 日程度の出勤（法定休日の出勤はなし）
② 月平均 60 時間程度の残業が発生
③ ドライバーの 1 人あたり月平均売上額は 700,000 円程度
④ 月間走行距離は平均 7,000 km 前後
⑤ 立寄り件数は平均 1 日 10 店舗　月間で 250 店舗程度

＜ A 社の問題点＞
① 業績歩合のほかに明確な割増賃金を支払っていない。
② 業績歩合に「残業代を含む」と説明して雇用していた（賃金規程にも記載）。
③ 時間管理が明確になされていない（賃金台帳へ残業時間等の記載がない）。
④ 社員との間に明確な労働契約書を交わしていない。
⑤ 賃金体系の問題点にまったく気付いていなかった（従来から導入している賃金体系であり、過去に異議を申し立てた社員はいなかった）。

＜会社の要望＞
① 現体系に問題があれば改定したい。
② 今の賃金体系で多くの社員が納得して働いてくれているので、現在の賃金計算方法を大きく変えたくない。社員のやる気をそぐことだけは避けたい。
③ 売上が立たない空番重(注)の回収等の仕事を指示、または仲間の仕事を手伝わせることがあり、配車係からそのような仕事を指示した時にいく分か報奨を検討してほしいと言われているので、今回の改定時に組み入れたい。
④ 周辺の賃金相場から見ても現在の賃金水準は妥当な水準であり、むしろ高いと考えている。改定による増額は、極力抑えたい。
⑤ 基本給は退職金に連動しているので、なるべく変えたくない。

(注) 番重とは食品の運搬に使われる容器のこと。

検討事項と改善の方向

　現体系は割増賃金の支払いが不明確であり、早急な解決が必要である。

　改善の方向としてまず考えられるのは、現在の業績歩合をそのまま残し、別途、適正な割増賃金を支払う方法。これはコンプライアンス上、ベストな選択肢だが、現在の売上水準では労務費率が一気に過大となり、大半の車両が赤字に陥るのは目に見えている。会社の継続が困難になるだろう。

　次の選択肢は、業績歩合が残業代込みであることを多くの社員が納得しているのであれば、今の業績歩合の歩率を割増賃金相当額だけ修正（引下げ）し、明確に割増賃金として区分した金額を設定すること。これは歩合率がかなり下がることになるので、社員のやる気が低下するおそれがある。ベテランドライバーが多いため、士気の低下は会社としては避けたい。

　3番目の選択肢は、業績歩合以外の手当を含めて全体的に再構築し直し、支給総額を維持することで社員によく説明し、理解を得ることである。所定内賃金の手当を再構築するため、十分な検討を要する。

　その他の選択肢として、改めて社員の合意を取り、現在の業績歩合を丸ごと割増賃金に置き換えて定額残業代にすることが考えられるが、これはコンプライアンス上の問題を内包したままなので、選択肢から外して考えることにする。

　以上の選択肢すべてにおいて時間管理の徹底は不可欠の改善事項となる。

改定の内容

＜改定後の賃金体系＞

・基本給　　　　　120,000円

- 勤務評価手当　10,000 円
- 業績歩合給　売上基準　売上×5%　　➡　35,000 円前後
　　　　　　　距離基準　走行距離×3 円　➡　21,000 円前後
　　　　　　　立寄り基準　立寄り件数×150 円　➡　37,500 円前後
　　　　　　　追加業務基準　本来業務以外で配車係の別途指示に基づく業務（業務内容により定める）
　　　　　　　　　　　　　➡　3,000～5,000 円
　　　　　　　業績歩合給小計　➡　98,000 円前後
- 割増賃金　法定どおりの計算で時間外、深夜、休日手当を支給
　　　　　➡　63,000 円前後
- 通勤手当　従前どおり　➡　10,000 円前後
- 支給総額　301,000 円前後

＜改定のポイント＞

① 無事故手当と皆勤手当を廃止し、勤務評価手当を新設。安全行動（事故の有無を含む）、勤怠状況のほか、5S の遂行状況、マナーを評価する。
　従来、事故発生時に 20,000 円不支給としていたものを半減し、社員の負担軽減を図る（ただし、故意または重大な過失による事故は別途賞罰規程で運用）。
② 業績歩合給は維持。ただし、本来業務以外の仕事を命じて従事した場合の追加支給を新設（配車係の指示に従い、協力した社員に報いるため）。
③ 割増賃金を労基法どおりの計算で支給。時間外、深夜、休日手当に区分し、明示する。
④ デジタルタコグラフを活用して適正に時間管理を実施し、記録する。

＜留意事項＞

① 社員への丁寧な説明をする（社員説明資料を使用、説明会の議事録保管）。

② 個々の社員の同意を得る（同意書に自筆で署名）。
③ 廃止した手当の対象者に対して激変緩和措置を組み入れる（調整手当もしくは賞与加算）。
④ 歩合率が若干低下するので、モチベーションが低下しないようコミュニケーションに心掛ける。
⑤ 賃金規程や労働契約書、給与明細書等の書類を改定する。
⑥ 少し賃金が上がるぐらいの改定が受け入れられやすい（若干の持ち出しは覚悟する）。
⑦ 賃金改定は一度行うと二度とできないというものではない。新制度運用後にひずみが現れてくれば、再度見直す。改定の手間を惜しまず、常に整備を心掛ける。

II ルート別運行手当を導入したB社の事例

> **設例2**
>
> 　B社は、コンビニ配送のほか、食品卸から委託されて各小売店への配送を行っており、その運行形態はA社と似ている。いわゆるルート配送業務である。
>
> 　ただし、前設例のA社との違いは、一車一人制ではなく、ドライバーが毎日、乗務車両を乗り換えることである。日によって従事する仕事内容が変わる。例えば、ある日の午前中は2トン車で配送業務を行い、午後は4トン車で別ルートの配送を行うという具合である。車両を乗り換えるため、個人別の実績把握は難しくなる。
>
> 　同じドライバーや車両が毎日決まった仕事をしていれば、業績はデジタルタコグラフ日報等を使って機械的に把握できるが、毎日違う仕事をするドライバーの個人別実績は売上、距離、燃費等の数値で捉えることが簡単ではない。もちろん、個別管理ができないわけではないが、複雑で時間もかかり、賃金管理上はそのために作業をする意味が薄い。
>
> 　そこで、ルート別運行手当で処遇する方法をとっていた。

現　　状

＜B社の賃金体系（運転職）＞
・基本給　　　　　　　150,000円
・無事故手当　　　　　 20,000円
・ルート別運行手当　 130,000円程度（別途定める運行手当表に基づき支給）
　計　　　　　　　　 300,000円程度
基本給はその地域の最低賃金を超えており、最低賃金に関する問題は

ない。問題は、ルート別運行手当である。

　この会社の運行手当表は車種別、ルート別に分けて半日単位で設定している。ルートごとに①待機時間を含めた所要時間、②手積み手降しの有無を考慮した作業負荷の程度、③売上貢献度等を加味して、手当額を詳細に設定している（図表3－1）。

● 図表3－1　ルート別運行手当表（半日あたり金額：円）

	A	B	C	D	E	F	G
2トン車	2,000	2,200	2,400	2,600	2,800	3,000	3,200
3トン車	2,200	2,400	2,600	2,800	3,000	3,200	3,400
4トン車	2,600	2,800	3,000	3,200	3,400	3,600	3,800

＜B社の問題点＞
① 割増賃金の支払いが不明確。
② 荷待ち時間が日々変動し、長時間になるが仕事の密度が少ない業務、時間指定で労働時間の変動はないが仕事の密度が高い業務――等が混在しており、ドライバーの作業実態を正確に手当額に反映しにくい。
③ 配車係が別途作業を指示した場合の報奨が不明確。
④ 新しい仕事を受注しており、現在の手当表が現実と合わなくなってきた。

＜会社の要望＞
① ルート別運行手当による支払い方はドライバーに定着しており、やる気を阻害しないためにも現在の制度を維持する前提で改善していきたい。
② コンプライアンス面の是正は必要と考えているが、社員が不安感を抱かないよう段階的に改善を進めていきたい。
③ 最近荷主からドライバーのマナーに関するクレームを受けたので、マナーの良し悪しを賃金に反映したい。

検討事項と改善の方向

① 割増賃金の支払いを明確にする。
② 基本給は退職金との関係もあり、現状を維持する。
③ ルート別運行手当は維持し、現状に合わせて手当額の再設定を行う。
④ 配車係が別途指示する業務内容（番重回収、横持ち業務、作業補助等）を精査し、手当表の中に組み込む。
⑤ 無事故手当は評価手当に変更。評価表を新設しマナー、挨拶、服装の評価を組み込む。
⑥ 評価結果は賞与へも反映する。
⑦ 班長制度を新設し、班長の任命と班長手当の支給を行う。班は5名ずつで構成。班長には安全および5S（整理、整頓、清掃、清潔、躾……挨拶とマナーを含む）推進リーダーの役割を課す。

改定の内容

＜改定後の賃金体系＞
・基本給　　150,000円
・評価手当　15,000円（新設）
・班長手当　5,000円（新設）
・ルート別運行手当　60,000円（手当金額をほぼ半額にして設定し直し、新たに「追加指示業務（500円～1,500円）」を新設）
・割増賃金　75,000円程度（新設）（法定どおりの計算で支給）
　計　305,000円程度

＜改定のポイント＞
① 新制度移行に伴う激変緩和措置……新制度への移行に伴い、実際の年間平均所定労働時間数から計算した割増賃金必要額を差し引いてルート別運行手当の金額見直しを実施。そのファンドを割増賃金に移行。支給総額は現在より少し高い水準に設定した（➡新制度への円滑

な移行、および人手不足対策、人材確保のため)。
② 新制度移行に伴い、賃金が減額になる人(短時間で多くの仕事をこなしていた人)について、1年間「調整手当」で別途補填、および賞与で上乗せすることにした。
③ 生産性が高い模範的なドライバーは新設した班長に任命し、班長手当を支給した。
④ 残業時間管理を徹底するため、残業時間が通常の運行指示時間に比して超過した場合は、その理由を上司に報告(上司は総務の承認を得る)する仕組みを導入した(残業申告制度)。

III 完全歩合計算から固定給と残業代に分けていた長距離輸送C社の事例

設例3

C社は、地方都市に所在する運送会社である。首都圏および近畿圏への長距離輸送を主体に行っている中堅企業である。社歴のある老舗企業で大型車を中心に保有台数も多いため、大手メーカーなど多くの有力な荷主と取引をしている。

最近は人手不足の折から経営者の強気な運賃交渉が功を奏し、同業他社比高い運賃を収受している。売上・利益ともに財務状況は順調である。

C社の労務管理は、基本的にドライバーの自主性を尊重する管理方法である。普段からプロドライバーの意識を持たせることに徹している。

賃金体系にもそれが表れている。賃金体系は昔からほとんど変わっていない。最近になって、人手不足対策の一環で新卒採用に乗り出すこととなり、賃金制度の見直しを検討していた。

現　　状

＜C社の賃金体系（運転職）＞
（給与明細上の賃金体系）
- 基本給　　　　120,000円
- 乗務手当　　　30,000円（大型30,000円、普通20,000円）
- 無事故手当　　20,000円
- 精皆勤手当　　10,000円
- 通勤手当　　　10,000円前後
- 割増賃金　　　180,000円前後
-   計　　　　　370,000円程度
- C社の賃金の決め方……総支給額の計算方法（個人別月間売上－個人

別月間燃料費 − 個人別月間高速代）× 40％ で算出。
・上記算出額から基本給および諸手当の金額を差し引き、残りを割増賃金として支給。上記割増賃金が法定額に不足する場合は補填。
（1人あたり月平均売上 1,400,000〜1,500,000 円、燃料費約 300,000 円、高速代約 200,000 円）

＜C社の問題点＞
① 実質的に完全歩合計算で賃金総額を決定し、決定した額を賃金項目にあてはめる方法であり、コンプライアンス上の問題を内包している。
② 事故を起こしたドライバーに対して事故弁償金制度があり、あらかじめ弁償額を決めている。
③ 事故弁償金を月々の賃金から控除している。
④ 給与の全額が売上と燃料代および高速代で決まるため、配車係への要望が強く、中には不平不満を公言するドライバーも見られる。不満を言うドライバーは、多く働いて多く稼ぎたいと思っており、仕事に前向きなドライバーが多い。拘束時間厳守の事情を説明し、理解を得ている状態。
⑤ 燃料価格が低い時はよいが、高騰してくると給与に大きく影響し、手取りが減ることがある。

＜会社の要望＞
① 会社の基本方針はプロ意識の醸成であり、売上とともに燃料費と高速代の節減に取り組むドライバーを育てたい。現在の歩合計算方式は効果があり、定着しているので、残したい。
② 事故弁償金について修正は可能だが、事故防止に役立っている側面があるので止めたくない。
③ がんばっている社員や会社の指示に従っている社員に対する報奨制度をつくりたい。

検討事項と改善の方向

① 完全歩合計算による給与決定方式は、配車による売上の変動、燃料価格による変動、高速代や運行方面による高速利用度の違い等の要因で大きく変動する。社員間で配車に対する不満が出始めており、改定する。一方で、燃費の向上や高速代節約、等速運行による事故の削減等の効果が出ていることも事実であり、現在のコスト意識を維持するために一部残すことにする。

② 乗務手当と精皆勤手当はあまり意味のない手当になっているので、整理の対象とする。

③ 割増賃金を法定どおりの計算で支給する方法に改め、今後の労務トラブル防止を図る。

④ 事故弁償金については、法律で認められた損害賠償の規定に従い運用する仕組みに変える。

⑤ 賞与と退職金の制度を新設し、両制度に評価の仕組みを採り入れる（➡利益の還元および人手不足・人材確保対策）。

改定の内容

＜改定後の賃金体系＞

・基本給　　　　　120,000 円
・安全評価手当　　 20,000 円
・業績歩合給　　　125,000 円前後（売上－燃料費－高速代）× 13% で計算
・通勤手当　　　　 10,000 円
・割増賃金　　　　100,000 円前後
　計　　　　　　　375,000 円程度

＜改定のポイント＞

① 賃金計算を従前の引き算方式から、通常の足し算方式に変更した。これにより、給与の固定部分と歩合給部分、および割増賃金部分がそれぞれ明確に区分されることになる。

② 歩合給部分は「業績歩合給」として明確に位置付けし、分離した。計算基準は従来のコスト意識を維持するため、同様の計算基準とした。ただし、歩合率を低めに設定し、その余剰賃金を割増賃金に充当した。
③ 従来の乗務手当は車種による違いを設けていたが、C社は大半が大型車であり、歩合給部分で車種による処遇の違いが表れるため廃止した。精皆勤手当については、実際に無断欠勤等はなく、常時支給される手当となっていたため、支給意義が乏しく廃止した。無事故手当は安全評価手当と名称変更して安全行動に対する手当とし、意義付けを明確にした。
④ 割増賃金については、従来時間管理の概念が乏しい実態があったため、デジタルタコグラフを活用して実時間を管理することにした。時間外、深夜、休日に分けて管理し、法定どおりの割増賃金を支給することに改めた。デジタルタコグラフによる管理を正確にするため、機器のボタン押忘れ防止を徹底して指導することにした。また、運行指示書と実際の運行時間に不明な相違点がある場合は、管理者の確認と報告を義務付けることにした。
⑤ 新制度の社員説明にあたり、経過措置として、従来の賃金計算を並行して行い、新制度の賃金と比較して1割以上減額となる場合には、その額を補填（1年間の経過措置）することにした。これにより、すべての社員から理解を得て個別に同意書を取り付けることができた。
⑥ 人材確保対策として、賞与と退職金制度の新設を行った。賞与は当面、決算状況に応じて年に1回支給する仕組みとした。退職金制度はポイント制で作成し、評価の結果を反映する仕組みとした。両制度とも人件費負担を考慮し、当初は控えめな設定金額としたが、これらを賃金改定と同時に打ち出すことで、社員の納得性に大きく役立った。

IV 定額残業代を支給していた近距離・中距離輸送 D 社の事例

> **設例 4**
>
> D 社は、5 年前に長距離輸送から撤退した。拘束時間や休息期間、運転時間等の改善基準告示を順守することが難しく、行政監査で指摘され、車両停止処分を受けたことを契機に、このままでは営業停止になりかねないと長距離分野からの撤退を決意したのである。
>
> その後、片道 300 km 以内の中距離輸送を中心に、なるべく片道 100 km 以内の近距離輸送にシフトすべく仕事の選別を進めてきた。方向転換した当初は売上が激減したが、近年になって人手不足の影響もあり、仕事の依頼が続々と来るようになる。荷主は食品、雑貨、機械部品、建材など種々あり、積合せで効率化を図っている。
>
> 現在、経営は順調に持ち直し、トラックを増やしている。賃金体系は長距離から撤退した後、固定給を中心にした安定的な体系に変えていた。今後は長時間労働が少ないことをアピールして、新卒の採用を含めた若手社員の採用・育成に注力したい意向。賃金体系を採用とコンプライアンスの観点で見直したいと考えている。

現　状

＜D 社の賃金体系（運転職）＞

- 基本給　　　　120,000 円
- 職能手当　　　 10,000 円
- 皆勤手当　　　 20,000 円
- 無事故手当　　 20,000 円
- 洗車手当　　　 10,000 円
- 通勤手当　　　 5,000 円

- 定額残業代　　100,000 円
  計　　　　　　285,000 円

- 月間稼働日数　　　　　　22～23 日
- 平均残業時間　　　　　　約 65 時間／月
- 1 人あたり月間売上　　　700,000～900,000 円
- 1 人あたり月間燃料費　　130,000～160,000 円程度
- 1 人あたり月間高速代　　0～120,000 円程度

＜D 社の問題点＞
① 定額残業代が実態の残業時間をもとにして設定された金額ではない。何時間分にあたるかの明示がない。実際の残業時間とかい離した相当高い金額設定となっている。
② 日常の時間管理が不十分である。
③ がんばって貢献している社員を処遇する体系になっていない。出勤すれば皆同じ賃金であり、メリハリがない。

＜会社の要望＞
① 若手社員をどんどん採用していきたい。若手社員のやる気がでる体系にしたい。
② 一部の社員にダラダラと仕事をしている者がいる。注意をしても改めない。評価制度を入れて賃金に反映する仕組みを検討したい。
③ のんびりと時間稼ぎの残業をする者がいたので、定額残業制にした。これは適正な金額に変えてもぜひ維持したい。
④ コンプライアンス面を改善して新卒採用ができる会社を目指したい。
⑤ ただし、人件費が上がることは困る。多少の持出しは覚悟しているが、なるべく抑えたい。

検討事項と改善の方向

① 現状の残業時間に見合った残業代を支払う（深夜、休日等の割増賃金も同様）。
② 残業時間等の明示を行う。
③ 時間管理のルールを明確化し、残業時間等を賃金台帳と給与明細に記載する。
④ 新卒や若手採用のため、基本給の充実化を図る。
⑤ 将来ビジョンが描けるよう「役割手当」を新設し、役割を明示。早期にリーダーとして若手を登用し、育成していく。
⑥ 諸手当は意義が薄いため、改廃する。
⑦ 評価制度を導入し、評価結果を賞与に反映する。
⑧ 退職金制度を新設し、評価結果を退職金に反映する（ポイント制退職金制度）。

改定の内容

＜改定後の賃金体系＞

・基本給　　　　　　　160,000 円
・役割手当　　　　　　 10,000 円
・業務評価手当　　　　 20,000 円
・通勤手当　　　　　　 6,000 円
・定額時間外手当　　　 82,000 円（残業 60 時間分に相当）
・割増賃金差額精算　　 7,000 円（残業 65 時間の場合）
　計　　　　　　　　　285,000 円

＜改定のポイント＞

① 定額残業代を廃止し、都度時間計算で支払うほうがコンプライアンス上は問題がないのだが、会社の強い要望および既存社員の不安感を考慮し、将来に向けた改善を進める一段階として今回は維持することとした。ただし、コンプライアンス面を考慮して金額を減額し、割増

賃金差額精算の仕組みを明確化した。従前の定額残業代が総支給額から単純に固定部分を引いた残額で計上していたものを改め、実態の残業時間に合わせ、「60時間分の定額支給」と明示した。平均残業時間の65時間としなかったのは、60時間超の割増率改定に対処するためである。今後60時間を超えて残業した時間は別途補填するルールとした。併せて残業60時間以内に向けて長時間労働抑制の社内目標化を行うこととした。

② 基本給は160,000円に増額した。地域別最低賃金を30,000円以上上回る水準である。今後の新卒、若手社員の採用定着に向けて求人票の賃金「Aの欄（基本給）」に魅力を出すため、大幅に増額することにした。

③ 役割手当はマナー推進リーダー、5S推進リーダー、点検洗車推進リーダー、等の役割を若手社員に担ってもらうことで、責任感とコミュニケーション力を養い、仕事に対するモチベーションを上げるために新設した。採用1年後に任命し、手当を支給する。原則として新入社員を除くすべての社員が役割を担う組織とする。役割手当は段階的に昇給していき、管理職の役職手当に発展する運営とした。

④ 業務評価手当は安全への取組み、車両管理、勤怠状況、報告連絡相談、マナーの5つを評価し、問題なく期待どおりであった場合に満額支給することにした。なお、荷主や直荷主から褒められる、安全向上に資する提案や行動があった場合等、特筆すべき行動が確認された場合には、2割アップの加点支給を行うことにした。

⑤ 評価表はドライバー用、事務員用、倉庫用、管理職用を作成し、年2回評価を実施することにした。ダラダラと仕事をする社員は評価に反映されるようにした。

⑥ 時間管理がなされていなかったため、アルコール検知器とデジタルタコグラフを活用して時間管理を行い、併せて連動した労務管理ソフトを導入し、勤怠管理と給与計算までが自動的にできる仕組みを構築した。この仕組みにより、コンプライアンスの是正と事務の効率化が進むことになった。

⑦ 定額残業代を維持したこともあり、改めて全員から新賃金体系に対

する説明を行い、個別に同意書を取り付けた。異議を唱える社員はいなかった。

V 残業込みの業績手当で支払っていた地場・長距離輸送 E 社の事例

設例 5

E 社は、地場の近距離輸送から長距離輸送まで幅広く手掛けている。保有する車両も 2 トン車から大型車、トレーラーまで多彩であり、荷主の業種も多様である。社歴があり、地元では中堅運送会社に位置する。

現社長は二代目である。創業者の現会長が現在でも実権を握っており、会長の意向がすべてに優先される。

近年は人手不足が最大の悩みであり、特に大型、長距離のドライバーが不足している。近距離は軽量物が中心だが、大型・長距離は重量物の運搬があり、求人募集では未経験者より経験者のドライバーに来てほしいと思っている。

賃金体系は過去から変わらず、売上を重視した歩合給である。経営者は「給料は仕事をして稼ぐものだ」と公言するなど売上ベースの賃金体系にこだわりが強い。

財務内容はきわめて堅調に推移しており、ドライバーの採用につながるなら多少賃金水準を上げてもよいと思っている。

一方で、コンプライアンスに対する意識は低い。賃金体系の見直しにあたり、事前に全国のトラブル事例を挙げながら、コンプライアンスの重要性を伝える必要がある。

現　状

＜E 社の賃金体系（運転職）＞

（大型運転手の場合）

・基本給　　80,000 円
・車種手当　40,000 円　乗務車種により決定。2 トン・3 トン車は

　　　　　　　　　　20,000円、4トン車は30,000円、大型車は40,000円、ローリー車は40,000円、トレーラーは50,000円
・資格手当　　10,000円　　運行管理者、危険物取扱者の免許取得者
・業績手当　240,000円　　車種により歩合率決定

　　　　　　　　　　2トン・3トン　　売上×30%
　　　　　　　　　　4トン　　　　　　売上×25%
　　　　　　　　　　ローリー　　　　売上×27%
　　　　　　　　　　大型　　　　　　売上×20%
　　　　　　　　　　トレーラー　　　売上×17%

・通勤手当　　10,000円前後
　　計　　　380,000円程度

（注）　E社の車種別平均月間運賃収入
　　・2トン車　　　　600,000円
　　・3トン車　　　　650,000円
　　・4トン車　　　　800,000円
　　・ローリー　　　　850,000円
　　・10トン車　　　1,200,000円
　　・トレーラー　　1,600,000円

　残業時間は2トン〜4トン車主体の地場業務で、月間平均60〜80時間（ローリー車も同様）の時間外労働が発生している。大型車やトレーラーによる長距離輸送業務で月間80〜100時間の時間外労働が発生しており、長時間労働の抑制が急務である。

＜E社の問題点＞
① 　社員に対して、「業績手当の中に時間外手当が含まれる」との説明をしており、採用時に使用している賃金説明用メモには「業績手当は時間外を含む」と書かれている。本人から同意の署名等は取り付けていない。また、賃金規程に時間外手当を含む旨の記載はない。
② 　車種手当は保有する免許の種類ではなく、実際に乗務する車種によって決めている。そのため大型免許を保有するドライバーに会社の

都合で4トン車に乗務させた場合、4トン車の手当額となり、不満を持つ社員が出ている。
③　歩合給の計算にあたり、実際の収受運賃を使って計算しているため、荷主による運賃の違いが直接賃金に反映され、荷を選びたがる傾向がある。配車担当者からは「ドライバーに配車指示を出した途端に、その仕事を時間給に換算して不満を言われる」、または「なるべく同じ人に割りの良い仕事が続かないように、偏りがないように配車をしている」などの悩みが聞かれる。

＜会社の要望＞
①　個人の売上で賃金を決める今のやり方を変えるつもりはない。ドライバーもそれを望んでいる。
②　コンプライアンス面の問題はなるべく解決したいが、それで仕事が回らなくなるのは困る。
③　とにかく人が足らないので、求人できる体系に整備したい。
④　新卒や未経験者の採用は今のところ考えていない。経験者のドライバーを採用したい。

検討事項と改善の方向

①　最も問題が大きい割増賃金未払いの問題を是正することが第一の課題である。
②　しかしながら、経営者は時間で賃金を支払うことに対する抵抗感が強く、「それならば改定をせず、今のままでよい」との考えである。一気にコンプライアンス面を解決することは事実上困難であり、現在の状態を改善に向けて一歩進める修正にならざるを得ない。
③　時間管理、賃金規程、賃金台帳、給与明細、いずれも不十分であり、労務管理面の全体的な整備を要する。
④　長時間労働の抑制策が打たれていないため、この状況で死亡事故の発生や脳心臓系疾患または精神疾患の発症等の労災が発生すると大変な事態になる。経営者の意識が「長距離をやっていれば、このくらい

は当たり前」との感覚であり、経営者の意識改革から始めなければならない。
⑤　車種手当と資格手当は本来、保有する技能に対する処遇として意義を持つ手当であり、車種手当の支払基準を乗務車両から保有免許に変更する。
⑥　採用のため賃金水準の引上げも可能との意向であり、その資金を改定時にどう生かすかが重要になる。

改定の内容

＜改定後の賃金体系＞
・基本給　　　80,000 円
・技能手当　　20,000 円
・売上業績給　210,000 円
・通勤手当　　10,000 円前後
・割増賃金　　70,000 円程度（残業 80 時間）
　　計　　　　390,000 円程度

＜改定のポイント＞
①　基本給は維持する。
②　車種手当と資格手当は統合し、金額を改定する。
③　売上歩合は維持するが、歩合率を改定する。歩合率は「新制度移行後 6 カ月をめどに状況を判断し再改定もあり得る」とする。
④　割増賃金を明確に区分して法定どおりに支給する。
⑤　新制度移行後も一定期間（1 年間）旧制度での計算を行い、賃金が 1 割以上減額にならないように補填する。
⑥　時間管理はデジタルタコグラフと運転日報を使って行う。残業稼ぎを防ぐため、運行管理者の日報チェックを徹底する。
⑦　賃金台帳と給与明細に時間外、深夜、休日に区分した時間数と割増賃金額を記載する。
⑧　長時間労働抑制のため、残業目標値を月間 80 時間以内とする。目

標達成に向けて手待ち時間削減等、荷主との交渉を強化する。荷主の選別も考慮に入れていく方針。労働時間が減ってくれば、割増賃金削減の資金を歩合率アップに向けていく。

　改定の方向性を検討する当初、経営者は残業時間で計算した割増賃金をその都度支払うことに大きな抵抗感を示した。
　今回の改定が困難であれば、次善の策として、売上で計算した数値と実際の残業時間で計算した数値のうち、高い金額を全額割増賃金相当額として支払う方法も考えられたが、E社の場合、歩合計算による金額が実際の割増賃金支払額よりも相当に高く、計算上の残業単価が実態と大きくかい離していたため、残業代相当額として支払うことに無理があった。
　割増賃金の算出にあたり、計算の都合上、労働基準法所定の計算式以外の計算方法で計算すること自体は認められないわけではない。ただし、所定内の賃金と所定外労働に対する割増賃金が明確に区分され、時間管理が法定どおりになされ、残業時間等が明示されて、法定の支払必要額に不足が生じた場合は、その不足額を補填することが必要になる。
　この運用を正しく行っていれば、認められることがある。社員への説明と個々の同意が前提となるが、労使トラブル防止の次善の策として検討する場合もある。E社の場合は、売上歩合がほぼ従来どおり維持されたことで経営者も理解し、法所定の割増賃金計算を都度行う本来の計算方法に改定することで納得した。

Ⅵ 職能給体系を導入し赤字体質に陥っていた物流子会社 F 社の事例

> **設例6**
>
> F 社は、大手メーカー（上場企業）の物流子会社である。物流協力会社数十社を管理し、取扱業務を行うほか、自社でトラックを 50 両程度保有している。
>
> 当初は取扱業務だけに特化した物流管理会社にする予定であったが、「協力会社管理にあたり、実車両を保有することで説得力を持たせたい」「自車両を持たないと、いざという時に融通が利かない」「将来的に親会社以外からの受注を拡大し、自立化を図りたい」などの意見を採り入れ、自車両を徐々に増やしてきた経緯がある。
>
> 最近では、人手不足の影響で人材確保のため、さらに自社内でドライバーを抱える必要性が増している。しかしながら、F 社の賃金体系は親会社の賃金体系に準じた体系を導入しているため、賃金が高止まりしており、自車部門は長年赤字が続いている。自社部門の赤字を傭車部門の黒字で穴埋めをしている状態である。この状況のまま車両と人を増やしていくことは困難であり、賃金体系の見直しを検討することになった。

現　状

＜F 社の賃金体系（運転職）＞

・基本給
　① 本　　給……本給表による「年齢」　例：35 歳 70,000 円
　② 勤続給……勤続給表による「勤続年数」例：勤続 17 年　20,000 円
　③ 職能給……職能給表による「職能等級」例：2 等級主任　80,000 円
・役職手当　主任 10,000 円、係長 20,000 円、等
・家族手当　配偶者 10,000 円、子 3,000 円／人

- 住宅手当　家賃により変動（10,000円～40,000円）
- 業績給　　売上×3%　　　　20,000円～30,000円程度
　　　　　　距離×2円/km　　10,000円～15,000円程度
- 通勤手当　10,000円前後
- 割増賃金（時間外、深夜、休日）　法定どおりに計算
　　　計　　　　　　　　350,000円～450,000円

＜F社の問題点＞

① 職能等級制度が形骸化し、年功制度に陥っている。そのため高齢で勤続の長いドライバーの労務費率は70%程度になり、自社部門は不採算の状況が常態化している。

② 賃金制度ばかりか、評価制度も親会社の考課表を準用しており、運送業の実態にマッチしていない。

③ 業績給が導入されているが、賃金に占めるウエイトが少ないため、インセンティブが働いていない。自社のドライバーは「仕事が遅い」と荷主から指摘されることもある。

④ 賃金制度が親会社と類似しているため、最近では退職金制度も親会社と同様の水準で新設してほしいとの声も一部社員から出始めており、危機感を抱いている。

＜会社の要望＞

① 運送業として親会社に依存しないで勝ち残れる制度に再構築したい。

② 親会社から経営改善を指示されており、賃金制度を運送業に合ったものに大胆に見直すよう提言されている。賃金改革は親会社の制度と切り離して考えたい。

③ 既存社員の賃金を下げることは考えていないが、今後採用する社員から採算に合う方向に修正していきたい。今より多少賃金水準を下げても、親会社のブランド力があるので採用に影響は少ないと考えている。

④ 契約社員制度の導入についても併せて検討している。

検討事項と改善の方向

① 自社ドライバーは近距離業務が中心であり、一部の待機時間が長い仕事を除いて、残業時間は比較的少ない。全員がほぼ月間残業60時間以内に収まっている。よって残業時間の抑制は喫緊の課題ではないが、さらなる短縮化を図るため従来の時間管理に目標管理を加えて管理を強化する。
② 職能給体系の弊害が如実に現れており、この体系を再構築する必要がある。賃金を維持する前提で中身を大きく見直し、社員に説明のうえ、個々の同意をとる方向で進める。
③ 業績給のウエイトを高め、生産性に対する意識を向上させる。荷主、着荷主から噴出している不満(「ダラダラと仕事をしている」「休憩ばかりしている」とのクレーム)の解消を目指す。
④ 評価制度の評価項目を作業態度、作業効率、荷主の評価等を組み入れた項目に全面改定し、運送業としての意識改革を促す。
⑤ 契約社員制度については、正社員登用制度を組み入れた制度として運用し、正社員採用を原則とする。

改定の内容

＜改定後の賃金体系＞

・基本給　　基本給を一本化、等級別基本給表で決定
　　　　　　（例：熟練　170,000円）
・役割手当　リーダー　5,000円（新設）　主任　10,000円
　　　　　　係長　20,000円　等
・住宅補助手当　家賃により変動（10,000円〜40,000円）
・業績手当　売上×6％（倍増）　40,000円〜60,000円
　　　　　　距離×4円（倍増）　20,000円〜30,000円
　　　　　　追加作業（売上距離以外）　別途（新設）
・調整手当　賃金改定に伴う激変緩和措置の調整（新設）
・通勤手当　10,000円前後

・割増賃金（時間外、深夜、休日）　法定どおりに計算
　　計　　350,000円～450,000円　（賃金改定時の賃金を確保）

＜改定のポイント＞
① 基本給は従来、本給＋勤続給＋職能給の3本立てであり、年齢と勤続の年功制度に加えて職能給も年功的運用であったため、人件費負担を増大させる一因になっていた。この弊害を改善するため、基本給を等級別基本給表に一本化した。等級制度を維持したのは、等級別賃金テーブル自体を撤廃することへの社員の不安を考慮したためである。基本給テーブルはモデル賃金をベースに水準を若干下方修正し、年間ピッチ額を引き下げて、なだらかな上昇カーブに修正した。評価制度を号俸に反映させる運用方法は従来どおりである。
② 家族手当と住宅手当の検討を行った結果、家族手当を廃止し、住宅手当を残すことにした。住宅手当を残したのは、今後の新卒採用や若手社員拡充のためである。住宅補助手当と名称変更した。家族手当は廃止し、既存社員に対しては調整手当で一定期間（2年間、1年後から半額）維持することにした。
③ 役職手当は役割手当に変更した。役職者以外の若手社員に対して、○○推進リーダーの役割を指示し、責任と権限を与えることで自覚を促すためである（挨拶推進リーダー、清掃推進リーダー等）。主任の前段階にリーダー5,000円の手当を新設した。
④ 業績給は従来の額を倍増した。併せて管理者が指示した業務のうち、売上や距離に十分反映されない仕事を別途取り上げて業績給の対象にすることとした（庫内作業手伝い、積込み協力等）。
⑤ 所定外労働時間削減を進めるため、時間効率アップに取り組んだ実績を賞与で反映する仕組みとした。
⑥ 新制度運用後、半年経過時点で号俸格付けの見直し等、再調整があり得る旨を明示した。社員説明を行い、代表者の意見書、個々の社員の賃金改定同意書を取り付けてスタートした。

VII 日給制を採用していた地場運送業 G社の事例

> **設例 7**
>
> G社は、地方に所在する中小運送会社である。食品輸送がメインで、保冷車を40両程度保有している。
>
> 荷主は大手食品メーカーや大手流通業が主体であり、業績は比較的安定している。しかし、長年経営を続ける中で、営業が第一、労務管理の整備は後回しになっていたため、一部の社員と賃金面のトラブルが発生していた。
>
> G社の賃金水準は周辺の同業他社に比べて高く、ドライバーは集まりやすい。しかし、入社時点で賃金の説明や徴求書類等が不十分であり、いったん問題が発生すると「言った」「聞いていない」の争いになり、収拾がつかない。
>
> 経営者としては、現在の賃金体系を変えるつもりはないが、今後無用なトラブルが発生しないように整備しておきたいと考えている。

現　状

＜G社の賃金体系（運転職）＞

- 基本給　日給　　　10,000円　×　25日　＝　250,000円
- 二回旋手当　　　　3,000円　×　2運行目の回数
- 追加手当　　　　　2,000円　×　追加運行回数
- 夜勤手当　　　　　2,500円　×　夜勤回数
- 長距離手当　　　　3,000円　×　長距離業務回数
- 補助手当　　　　　1,000円　×　補助作業回数
-    計　　　　　　300,000円～350,000円程度

＜G社の問題点＞
① 割増賃金の支払いが不明確である。ドライバーを採用した際には、日給および諸手当の中に割増賃金も含まれるとの説明をしている。ただし、賃金規程や労働契約書等に記載がない。説明時用のメモには本人の確認署名を取っている。
② 時間管理はデジタルタコグラフを活用して行っている。しかし、賃金との比較検証等は行っていない。
③ 社員に手渡す給与明細書には割増賃金の区分がない。

＜会社の要望＞
① 社員とのトラブルが発生しないように整備したい。
② ただし、今の支払い方を変えたくない。
③ 賃金水準はすでにかなり高いので、今回の見直しに際し賃金の持出しは極力抑えたい。

検討事項と改善の方向

① この改定は賃金制度自体の見直しではなく、コンプライアンス面の整備である。
② まず、通常の賃金と割増賃金とを明確に区分する必要がある。
③ 現在の支払い方を変えない前提では、「定額残業代」の導入が検討される（不利益変更となり、社員の合意が前提）。
④ 定額残業代の検討にあたっては、上記の区分とともに、何時間分にあたるかの残業時間の明示、時間管理と要支払額との差額検証、賃金規程や契約書等への明示、個々の社員の同意等が必須となる。

改定の内容

＜改定後の賃金体系＞
・基本給　　　　日給制　7,000円／日
・定額残業手当　3,300円／日　（残業3時間分／日）

- 歩合給　　　　二回旋手当～補助手当までを組入れ（支払額は減額修正）
- 歩合割増手当　歩合給部分に対する割増賃金を法定どおりに実残業時間で計算
- 深夜勤務手当　夜勤手当を充当（法定どおりに時間計算して不足額は補填）
- 休日勤務手当　法定どおりに時間計算して支給
- 残業代差額補填　定額残業手当との差額
  　計　　300,000円～350,000円程度

＜改定のポイント＞

① 所定内賃金と所定外賃金の区分を明確にするため、基本給と定額残業手当を区分した。G社が所在する地域の最低賃金とG社の所定労働時間（8時間／日）から計算すると基本給は6,000円／日でも最低賃金を充足するが、将来的な最低賃金の上昇および採用面も考慮し、7,000円／日とした。

② 定額残業手当は何時間相当分かを明確にする必要があるため、残業実態から検討し、1日3時間相当分とし、3,300円／日とした。これにより、日額で300円の持出し（7,500円／月）が発生するが、この資金は歩合給の基準値見直しにより吸収した。G社は地場運行主体であり、残業時間は比較的少ない。

③ 二回旋手当～補助手当までの作業ごとに支払う手当については、残業代相当額として支払う方法も検討した。管理者が追加の運行指示もしくは作業指示を出す都度、必ず所定外労働時間の超過が発生しており、所定の手当額が残業代発生額にちょうど見合う金額であること、また社員がこの手当を残業代の代わりと認識していることも、残業代相当額とする検討過程の材料となった。しかし、検討の結果、今回は通常の歩合給として支払うことにした。そして、歩合給部分の割増賃金相当額については、別途歩合給割増賃金として法定どおりに計算し、支払うことにした。なお、歩合給として統合する際に、歩合単価の見直し（減額）を行い、全体の持出金額を吸収することにした。

④　改定した内容を労働契約書と賃金規程に明記するようにした。また、社員に渡す給与明細書の内容も見直し、所定内賃金と所定外賃金を明確に区分した。

⑤　賃金体系とは別に、事故賠償金の扱いについても同時に改定した。従来は事故が起きる都度、定額（100,000円）を本人負担にする扱いをしていたため、労働基準法上の問題を内包していた。今後はあらかじめ定額を請求する扱いを止めて、事故の都度発生した損害額に応じて、その一部を本人に請求するルールに変更した。また、本人に請求する場合は、本人の同意の署名を得ることにした。これにより、事故による過大な負担を減らすことができた。

⑥　新制度はコンプライアンス上の整備をしただけで、従来の賃金体系と大きく変わらない仕組みであることを社員に説明した。社員はもともと残業込みの日給と認識しており、かつ基本給と定額残業手当を合わせた基本日額が300円増額になったことも安心感につながり、特段の反対もなく全員の同意書を取り付けることができた。

VIII 車両別成果配分制を採用していた中小運送業 H 社の事例

設例 8

　H 社は、地方の中小運送業である。大型車、4トン車を合わせて 20 両程度保有し、建設資材等の運搬を行っている。

　現在の経営者は二代目である。H 社では先代社長の頃から、賃金体系は車両別成果配分制を導入している。車両別成果配分制は「個人償却制」とも呼ばれ、運送業界では以前から一部の会社に見られる賃金制度である。担当車両が稼いだ売上から、会社が管理費相当額を差し引いて、その車両にかかったすべてのコストを引き、残りの金額をドライバーに給与として支給する体系である。

　以前は「持ち車制」とも呼ばれ、社会保険に入らず名義貸しに近い形態も一部に見られたが、最近ではそのような形態はほとんど見られなくなった。会社所有の車両で通常の運行管理に基づいて稼働する形態が大半である。

　車両別成果配分制のメリットは、売上とコストに対する意識が非常に高まり、ドライバーの技量次第で手取り金額が増え、会社にとっても 1 台あたりの粗利益が向上することである。したがって、上手く機能すると、経営改善の起爆剤になることがある賃金体系である。

　しかし、H 社の場合には、その賃金体系が裏目に出ていた。売上がなかなか上がらない時期が続き、コストばかりがかさんだため、計算上のドライバー手取給与がきわめて少なくなっていた。会社は社員の生活を保障するため、一定額の最低保証額（200,000 円）を支給していた。すると社員は毎月保証される給与額で満足してしまい、本来の目的である売上増加やコスト削減に対するモチベーションが失われていった。どうせ決まっている給与なら楽をしたほうがよい、という雰囲気に陥ってしまった。

　会社としては毎月社員への貸しが増えるばかりで返済もされず、蟻地獄

のような状況になっていた。経営者はこの状況から脱出するために賃金体系を見直したいと考えていた。

現　状

＜Ｈ社の賃金体系（運転職）＞

（給与明細上の賃金体系（保障給の場合））
・基本給　　　　125,000 円
・無事故手当　　 10,000 円
・時間外手当　　 65,000 円
　　計　　　　　200,000 円

ただし、実際の給与計算は下記で行う。

担当車両の月間売上×（1 − 0.15）−（燃料費＋高速代＋タイヤチューブ費＋修理代＋車検・定検代＋減価償却費＋保険料＋税金、その他車両費＋事故費）＝支払給与額

（注）　売上の 15％ は会社の管理費（各コストのうち、変動費は毎月の実額で計上。固定費は年間見込額（前年実績）の 12 分の 1 で計上）

支払給与額 − 135,000 円（基本給＋無事故手当）＝時間外手当

＜Ｈ社の問題点＞

① 　割増賃金（上記の時間外手当）の計算が、給与総額（上記計算式）から固定給部分を差し引いた金額となっており、実際の残業時間とかい離している（労働基準法上の問題）。
② 　上記計算に基づき算出した支給金額が 100,000～140,000 円程度になっており、保障給 200,000 円との差額（約 60,000～100,000 円）を毎月会社が補填している状況。上記の計算式がまったく機能していない状態。
③ 　現行の基本給 125,000 円は H 社の所在する地域の最低賃金を充足しているが、将来最低賃金が上昇した際には、その上昇分だけ時間外手当を削減することになり、残業代の未払いが発生する可能性が高い（労基法上の問題）。

＜会社の要望＞
① 実質保障給に陥っている状態を改善したい。
② わかりやすい賃金体系にしたい。
③ 燃費や高速代等のコスト意識を維持したい。
④ コンプライアンス面も気になる。

検討事項と改善の方向

① 給与の決め方を現在の引き算方式から足し算方式に変更する。
② 基本給＋歩合給＋割増賃金を基本形にする。
③ 賃金に反映するコストは燃料費と高速代に絞り込む。
④ 保障給は廃止する。
⑤ 割増賃金は法定どおりに計算して支給する。
⑥ アルコール検知器と運転日報を使って、時間管理を行い適正に記録する。
⑦ 長時間労働にならないよう目標管理（月残業60時間以内）を導入する。

改定の内容

＜改定後の賃金体系＞
・基本給　　　110,000 円
・歩合給　　　40,000 円程度（売上－燃料費－高速代）× 10％
・割増賃金　　50,000 円前後（法定どおりに計算）
　計　　　　　200,000 円
　（注）　H社のドライバーの月間売上は、600,000～700,000 円程度。
　　　　　地域別最低賃金は現在約 700 円。
　　　　　残業時間は近距離中心のため、月平均60時間程度。

＜改定のポイント＞
① H社の財務上の人件費支払余力から見た支給総額の制約があり、か

つ残業実態から見た割増賃金支払いの制約もあるため、基本給は低めに設定せざるを得なかった。基本給は歩合給と合わせて最低賃金を充足する程度の金額に設定した。現行の表面上の基本給からは減額となるが、そもそも現行の基本給は社員にとって実質的な意味を持たない金額である。支給総額が減額にならないかぎり、同意は得られるとの経営者の意見を踏まえて設定した(実際に反対する者はいなかった)。

② 新体系の運用開始後、歩合給の効果が出て粗利が上昇すれば、基本給の増額および歩合給の歩合率引上げを検討することが可能。

③ 歩合給は売上から燃料費と高速代を引いて歩合率をかける算式とした。これにより、本来の売上増加、コスト削減に対する取組意欲を喚起する目的である。コスト管理に関してはタイヤ代やチューブ代、修理代についても組み入れることを検討したが、今回はわかりやすさを優先し、シンプルに2つの費目のみを対象にすることにした。

④ 割増賃金は法定どおりに計算して支払うことにした。H社の場合、長距離運行がなく、近距離主体で残業時間がおおむね月60時間程度と安定している。ただし、残業稼ぎが行われないように運行管理者のチェックと指導を徹底することにした。

Ⅸ 運行手当のみ（基本給なし）で支払っていたⅠ社の事例

> **設例9**
>
> Ⅰ社は、中長距離輸送を主体に行う中小運送会社である。自動車部品や自動車輸送等を主に手掛けている。
>
> このところ経営は堅調に推移しており、最近の最大の関心事はドライバー人材の確保である。
>
> Ⅰ社が請け負う運送業務の大半は荷積み時間や着時間が決められており、運行ごとの労働時間が大きく変動することは少ない。日帰り運行から3日運行まで各種あるが、いずれもほぼ決まった時間で運行計画が組まれている。

現　状

＜Ⅰ社の賃金体系＞

① 方面別に決められた運行手当の積算で月例賃金を決めている。基本給やその他手当は存在しない。

　例：A業務1運行で30,000円の手当とすると、月10往復で300,000円の給与となる。

② ただし、運行ごとに運行計画に基づき標準所要時間を算出しており、時間給で所定内と所定外に区分している。1運行の手当は所定内労働時間に対する賃金と所定外労働時間に対する賃金とに区分され、明示されている。

　例：時間給　750円
　　　所定内労働時間に対する賃金　➡　750円×8時間＝6,000円
　　　所定外労働時間　5時間
　　　所定外労働時間に対する賃金　➡　750円×1.25×5時間≒4,688円

日帰り運行（深夜なし）の場合は、6,000円 + 4,688円 = 10,688円 ≒ 11,000円→日帰り運行業務の運行手当
③ 業務ごとにあらかじめ運行計画が決まっているため、深夜時間にかかる運行については割増率1.5で計算し、深夜残業分を区分して明示している（法定休日の運行はない）。
④ すべての運行パターンについて上記のとおり計算した「運行手当表」を作成し、社員に明示して説明のうえ、同意を得て運用している。今のところ社員から不満の声等は出ていない。

<Ｉ社の問題点>
① Ｉ社の賃金体系は一見したところ、基本給がなく運行手当のみで支給されている完全歩合給のように見えるが、実際は時間給で計算し支払っている体系である。割増賃金については、ほぼ決まった標準運行時間を基に運行ごとに計算して支払っており、計算方法としては法定どおりの計算をしているといえる。
② ただし、社員の同意を得ているとはいえ、標準時間と実時間が相違した場合の差額支払いがなされておらず、このままでは将来問題が発生するおそれがある。
③ また、賃金台帳および給与明細への明示も運行手当のみとなっており、割増賃金を支払っていないのではないかとの誤解を生じる可能性が高い。
④ Ｉ社は社員と合意し、時間給として法定どおりの計算で支払っているのであるから、その体系を維持しつつ、実時間の管理と差額補填、および時間給制として帳票類を整備しておくとよい。

<会社の要望>
① 時間計算は法律どおりに行っているつもりだが、外見上の問題でトラブルにならないように手直ししておきたい。
② ただし、今の支払い方は社員にもわかりやすく、定着しているので、変えるつもりはない。

検討事項と改善の方向

① 実労働時間の管理を行い、実労働時間に応じた割増賃金の未払いがないように都度確認する必要がある。
② 給与明細等の記載は社員にも、実際の時間外、深夜、休日等の所定外労働時間と割増賃金が明確にわかるように記載したほうがよい。基本給(時間給)と割増賃金に区分して記載することに修正する。
③ 既存社員には前回改定時に、新入社員には入社時に説明し、本人の確認を得ているが、改めて上記改定を行う機会に再度計算方法について説明し、同意書を取っておくことにする。
④ 最低賃金改定時には時間給が地域別最低賃金を割り込まないように注意する。
⑤ 抜本的な賃金制度改定は行わず、今回は現状の問題点を修正することにとどめる。

改定の内容

＜改定後の賃金体系＞
・基本給(時間給)　750円×174時間＝130,500円
・時間外手当　　　法定どおり実時間で計算
・深夜手当　　　　法定どおり実時間で計算
・休日手当　　　　法定どおり実時間で計算
　　計　　　　　　240,000円〜350,000円程度

＜改定のポイント＞
① 労働時間を明示。また、割増賃金を区分して明示。
② 社員には別途作業明細表を配付し、運行実績と給与の照合がしやすいようにする。
③ 社員個々の同意を得る。
④ 規程や帳票類についても上記の整合性がとれるよう社内で見直す。

X　ドライバーの賃金を年俸制で支払っていたJ社の事例

> **設例10**
>
> 　J社は、地方都市に所在する運送会社である。トラックを約50両保有し、近県までの中距離輸送から首都圏等への長距離輸送をメインに行っている。主に地元で採れる農産物を消費地へ輸送する仕事である。
>
> 　J社の最大の課題は、ドライバーの人材確保であった。たびたび求人広告を出してもまったく反応がない。求人情報サイトにもかなりの予算をかけたが、数人の応募がある程度で、期待したほどの効果が出ていない。
>
> 　そこでJ社は、求人対策の一環として賃金体系の見直しを行っていた。従来、ドライバーの賃金は完全歩合給制度であったが、思い切って年俸制で支払うことに変えた。毎月安定した給与として明示することで魅力を出すねらいである。
>
> 　年俸の金額は、前年度の業務実績をもとにして決定した。前年度の個人別売上から燃料費と高速代を引いて42％をかけた数値で翌年度の年俸を決めることにした。「残業代は年俸に含まれる」として社員に説明していた。

現　状

＜J社の賃金体系（ドライバー）＞

　前年度の個人別実績をもとに（年間売上－年間使用燃料費－年間使用高速代）×42％を個人ごとに算出し、同額を本人の翌年度年俸とする。

① 年俸決定方法の一例

　（売上13,000,000円－燃料費3,000,000円－高速代1,500,000円）×42％
　≒ 3,600,000円　➡　年俸額

② 月々の支払い方（上記例の場合）

年俸 3,600,000 円 ÷ 12 ＝ 300,000 円　➡　月俸
賞与なし

＜Ｊ社の問題点＞
① 残業代等は年俸に組み込まれていると説明しているが、割増賃金部分を明確に区分しておらず、問題がある。
② 従来の完全歩合計算方式を踏襲し、前年度実績をまとめて翌年度年俸に置き換えた方法であり、当年度の労働実態が反映されていない。
③ 事故や業務ミス、その他問題行動に対する賃金への反映が１年遅れ、配置転換、昇進等による処遇の変更も１年後となるため、適時迅速な処遇がなされない。
④ Ｊ社は求人対策として毎月の賃金を安定的に固定給とする目的で年俸制を採用しているが、そもそも年俸制はドライバーの賃金体系にそぐわないものである。
⑤ ドライバーは、月々がんばった結果が翌月の賃金で報われることでモチベーションを保つことが多い。１年後では遅い。１年間リカバリーできない体系では、年度替わりの時期に離職者が続出する可能性がある。

＜Ｊ社の要望＞
① Ｊ社は売上と燃料費、高速代で決める現行の計算方法を変えるつもりはない（経営者自らの経験に基づき、この計算方法が最善との強いこだわりを持っている）。
② 毎月の支給額を安定的にして若手社員の採用と定着を図りたい。
③ 改定にあたり、多少の賃金持出しは可能である。

検討事項と改善の方向

① 経営者の意向や社員のモチベーションを考慮し、現行の計算方法を維持したまま、毎月の支払額を安定的に修正する方向で検討する。
② 割増賃金の支払いが不明確なため、明確に区分する。

③ 労働時間管理を行い、残業実態に応じた割増賃金の支払いを確保する。
④ 事故ミス発生時の処遇や優良行動の報奨等を適時賃金に反映できる仕組みとする。

> 改定の内容

<改定後の賃金体系（ドライバー）>
（月例賃金）
・基本給　　　　160,000 円
・評価手当　　　 20,000 円
・定額残業代　　100,000 円
・割増賃金補填　　－
　　計　　　　　280,000 円 ＋ 割増賃金補填額
　　（賞与（半期ごとに算定））
　　（前期売上－前期燃料費－前期高速代）× 42％ －（280,000 円 × 6 カ月）

<改定のポイント>
① 従来の業績把握期間（1年）を2分の1に短縮し、賞与で迅速に反映する（なお、年俸制から月例賃金＋賞与に修正することで、時間外算定基礎額の圧縮につながる）。
② 毎月の固定給は求人募集を考慮し、近隣相場以上の 280,000 円に設定する。
③ 時間外手当は 77 時間分の定額残業で支払う（残業実態を考慮し、過労死基準を超えない範囲で設定。定額残業の時間数を明示）。
④ 深夜勤務と休日勤務の割増賃金は別途支払う。
⑤ デジタルタコグラフと日報を活用して労働時間管理を適正に行い、実残業時間が 77 時間を超えた場合には、法定額まで補填する（77 時間未満の場合は差し引かない）。
⑥ 評価手当を組み入れ、事故状況等の業務評価を翌月給与で反映す

る。
⑦ 期中で配置転換がある場合は、評価手当を職務手当に置き換え、昇進がある場合は、別途役職手当を加算する。

第4章

ドライバーの賃金体系に関する重要ポイント

I 運送業の賃金改定とコンプライアンス

　運送業の賃金体系は多様である。歩合給の導入割合も高い。各社が各様の体系をつくり、運用している。それは、経営者が自らの経験やドライバーの要望を聞いてきた過程で、修正しつつ築き上げてきた結果である。現場感覚で構築してきたその会社独自の労務管理といえる。

　社員の働きがいや納得感を得られる賃金体系に関心が集まり、法律面の検証がなされずに現在に至っている。したがって、コンプライアンス面の説明が十分にできない会社が、運送業にはよく見られる。それが近時、退職者から訴えられ、労務トラブルに結び付く最大の要因である。

　しかし、変更したくとも運送業特有の労働実態があるため、メーカーや流通業、IT 産業等、他産業で採用されている体系を導入すると、運送業でうまく機能しないことも事実である。

　この現状を変えていくためには、まず経営者がコンプライアンスの重要性を認識することから始める必要がある。コンプライアンス上真っ黒な状態をいきなり真っ白にすることが経営上困難であれば、改善できるところから始めていくステップが大事である。何よりも賃金体系、特に残業代の支払い方等につき社員に十分説明し、そのうえで納得を得るプロセスが必要である。

　賃金体系の改善は、社員に「これまでの賃金体系はここが不備だった。今後はこの賃金体系で処遇するので、明日からがんばってくれ」と言える体系をつくることである。

　運送業の賃金体系見直しは、最初からどこから見ても万全という体系を目指すよりも、コンプライアンスの改善に向けて一歩も二歩も進めよう、というスタンスが現実的である。

　最も問題なのは、法律から目を背け、改善に向けた一歩を踏み出さないことである。「運送会社が法律だけ守っていては経営ができない」と公言する一部の経営者の意識を変えていくことが大切であろう。

Ⅱ 労働時間管理

　ドライバーの労働時間管理は通常、①運転日報（手書き）、②デジタルタコグラフ、③アナログタコグラフ、④アルコール検知器、⑤タイムカード、⑥出勤簿（自己申告）等を使って行われている。そのうち、最も多いのは運転日報、次にタコグラフ（デジタルタコグラフ、アナログタコグラフ）である。

　ドライバーの時間管理にタイムカードを使用している会社は少ない。また、常時事業所外で働いているドライバーの労働時間管理は、難しい側面がある。毎日、その日の仕事により出庫時間がまちまちであり、始業時間をある程度ドライバーの自主性に任せている会社が多いからである。

　ドライバーの多くは、出庫指示時間より早めに出たいと考えている。道路が空いているうちに走行したい、荷待ちや順番待ちの時間を短縮したいと考えている。

　また、休憩時間の把握が難しいこともドライバーの労働時間管理を困難にしている。休憩しているのか、待機なのか、作業中なのかの実態把握は、本人の申告に頼らざるを得ない。

　GPSやクラウドシステムで運行管理者がリアルタイムに状況を把握できれば、その都度休憩指示を出すことが可能であるが、そのような管理システムを導入できる会社は限られている。そうなると、デジタルタコグラフのボタン操作を指示どおりにその都度行ってもらう必要がある。しかし、実態はボタンの押忘れが多く、デジタルタコグラフから出力される日報に労働実態とは異なる内容が印字されることになる。ドライバーの労働時間管理は、ドライバー自身が正確にその都度入力するよう指導することが不可欠となる。

　一方、出庫前の車両点検、点呼の時間や帰庫後の点検、点呼、洗車等の時間は、デジタルタコグラフには表れない。この時間は別途把握する

必要がある。会社によっては事業所内での点呼等、ルーティン作業時間について、労使で協議のうえ、一定の標準所要時間（出庫前、帰庫後、各10分等）を決めて計算している会社もある。

　いずれにしても、実作業時間の把握は賃金に直接関係する重要事項であり、労働時間管理の整備を進める必要がある。

III 事故賠償金制度の問題点

　運送業では、事故を起こしたドライバーに対し、その損害額の一部を本人に負担させる事故賠償金制度を導入している会社が多い。事故賠償金制度は、下記のとおり分類される。

＜事故賠償金制度の分類＞
・修理代等の損害額を全額本人負担
・修理代等の損害額を一部本人負担
・修理代等の損害額を保険免責額は本人負担

　無制限に損害額全額を本人負担にしている会社はほとんど見られないが、例えば100,000円以内の修理代や商品破損については全額本人負担と決めている会社はよく見られる。
　損害額を会社と本人で折半にしている会社もある。この場合は、本人の負担割合は50％になる。
　運送業で比較的多く見られるのは、自動車保険の免責額相当分は本人負担にするというものである。この場合は、100,000円、200,000円等、保険免責額によって本人負担が決まる。
　いずれにしても、損害賠償額をあらかじめ決めておくことは、労働基準法上の問題を生ずるので、改定が必要である。そもそもドライバー本人に修理代等の損害を負担させる制度は、コンプライアンス面の問題に加え、社員の不安感を引き起こし、モチベーションの低下や離職等につながるので、過度な負担は止めて減額改定もしくは廃止の方向で検討したほうがよい。
　本人から賠償金を徴収する方法としてよく見られるのは、おおむね次の2通りである。

＜よく見られる事故賠償金の徴収方法＞
・月々の給与から一定額（20,000円前後）を控除
・月例賃金の無事故手当を一定期間（賠償額／無事故手当額の月数）不支給にする。

　故意または過失による事故に対し、会社が本人に損害の一部について賠償を求めること自体は、妥当な金額であれば認められることがある（おおむね3割以内）が、問題は給与から控除する場合の手続きである。
　本人の自由な意思で給与からの返済申し出があれば別であるが、会社が一方的に給与から控除することは労働基準法上の問題を生ずる。入社時点で説明済みであることを理由にこの運用を行っている会社もあるが、賃金から損害賠償金を控除する場合は、その都度、本人への説明と自由意思による承諾が必要になる。
　この手続きを踏んでいる運送会社は少ない。現行の制度運用方法に問題があれば、改定しなければならない。また、月例賃金の無事故手当を使って無制限に引き続けることも問題であり、賃金制度改定の機会に是正しておくことが必要である。

■ 損害賠償に関する労使協定（運転員の損害賠償に関する協定）の例

平成　年　月　日

損 害 賠 償

(損害賠償基準)
第１条　運転員が事故を起したときは、会社は次の基準（％）により損害を賠償させる。
　　　ただし、情況により増額又は減額することがある。

過失の程度 損害の程度	1	2	3	4	5
A	30%	25%	20%	15%	10%
B	28%	23%	18%	13%	8%
C	25%	20%	15%	10%	5%
D	23%	18%	13%	7%	3%
E	20%	15%	10%	5%	0

(過失の程度)
第２条　第１条に規定する過失の程度は、次の判定基準による。

程度	判定基準
1	飲酒・無免許・無資格運転・ひき逃げ
2	踏切不停止・居眠り運転・火気取扱不注意・速度違反・徐行不履行 車間距離不適・一時停止違反・制動不適・追越追抜不適・信号無視 通行区分違反・割り込み・歩行者保護違反　等これに準ずるもの
3	前（後）方不確認・仕業点検不備・運行指示違反・誘導不適 軌道敷内違反・停車措置不適・ハンドル切り損じ　等これに準ずるもの

Ⅲ　事故賠償金制度の問題点

4	左右不確認・左右折不注意・貨物取扱不注意・事故処理不適切等これに準ずるもの	
5	相手方の違反に対する対応不適・軽微な不注意により発生した事故等これに準ずるもの	

(損害の程度)
第3条 第1条に規定する損害の程度は、次の損害額基準による。

程度	損害額
A	死亡事故 又は 5,000,000 円以上
B	3,000,000 円以上　5,000,000 円未満
C	1,000,000 円以上　3,000,000 円未満
D	500,000 円以上　1,000,000 円未満
E	100,000 円以上　500,000 円未満

(安全委員会の開催)
第4条 公正な損害賠償額を決定するため、安全委員会に付議する。安全委員会は、事故当事者及びその関係者を呼んで事情を聞くことが出来る。

(損害賠償金の支払)
第5条 当該運転員は、損害賠償金を決定直後の給与支払日に、原則として全額会社に支払うものとする。事情により話し合いの上、分割払いを認めることがある。

付　則

この規定は、平成　　年　　月　　日から実施する。

従業員代表　　　　　　　　　印
会　　　社　　　　　　　　　印

■ 示談契約書の例

示談契約書

平成　　年　　月　　日

甲

_____　印

乙

_____　印

　　　　株式会社（以下甲という）と従業員　　　　　（以下乙という）とは、下記の事故に関して示談が成立し、事故負担金のうち分担金として　　　　円は、甲が立替払いします。
乙は、毎月　　　　円ずつ返済いたします。

事故内容

≪事故日≫	年　　月　　日　　曜日　　時　　分
≪場　所≫	
≪事故状況の詳細≫	

Ⅲ　事故賠償金制度の問題点

■ 事故分担金通知書の例

年　月　日

　　　　　殿

株式会社〇〇〇〇
総務部長　〇〇〇〇

事故分担金について（通知）

　就業規則第〇条および賞罰委員会規程に基づき、過日貴殿が起こした事故について、下記のとおり賞罰委員会にて決定しましたので、通知いたします。

記

事故分担金の明細

事故種別	
事故発生日時	年　　月　　日　　時　　分頃
事故の内容（抜粋）	
事故費総額	円
責任度合	％
事故分担金	円×　　％×　　％＝＿＿＿＿円 （事故費総額×責任度合×　　％）
弁済方法	会社と事故当事者が協議のうえ決定する。

以上

（切り取らない）

株式会社〇〇〇〇
総務部長　〇〇〇〇　殿

確　認　書

　私が起こした上記事故について内容を確認いたしました。会社と弁済方法を協議のうえ、別紙（弁済方法申出書）記載の通り、事故分担金を弁済いたします。

平成　　年　　月　　日

　　　　　　　　　　　所　属＿＿＿＿＿＿＿＿
　　　　　　　　　　　氏　名　　　　　　㊞

■ 弁済方法申出書の例

株式会社○○○○
総務部長　○○○○　殿

弁済方法申出書

　私が起こした　　　年　月　日の事故の事故分担金　　　　円について、下記の弁済方法にて弁済することを申し出いたします。

記

1. 弁済額

①給与控除	円
②賞与控除	円
③その他の弁済方法	円

2. 弁済方法

①給与控除	平成　年　月分給与にて一括払い
	平成　年　月分給与から分割（　　回）払い
②賞与控除	平成　年　期分賞与にて一括払い
	平成　年　期分賞与から分割（　　回）払い
③その他の弁済方法	具体的弁済方法

　もし私が退職することになった場合は、退職金から控除する方法にて弁済しますので、本書をもって控除の申し出をいたします。以上について、今後異議申し立てはいたしません。なお、退職金で完済できない場合は、事故分担金の弁済に関する契約書を締結します。

以　上

年　月　日

所　属　　　　　　　　　
氏　名　　　　　　　　㊞

Ⅳ 無事故手当と無事故報奨金制度の違い

　運送業で導入割合が高い手当の代表格は、無事故手当である。事故を起こさず、安全行動に努めた社員に対して、支給する手当である。

　しかし、実際には無事故手当を含めて賃金総額を提示しており、実務的には事故を起こすと差し引かれる手当ということになる。その背景には、「もともと事故を起こさずに仕事を遂行することを労働契約の中に含めているので、事故を起こした場合は、無事故手当の額だけ賃金が減額になりますよ」という意味合いが含まれている。

　無事故手当は事故を起こした翌月のみを不支給とすることが原則である。しかし、事故の過失度合や実損額、荷主との取引や社会的風評等への影響度合等の基準を設けて、2カ月から6カ月等、複数月にわたり不支給とする会社もある。そのような運用をする会社は、賃金規程に不支給の対象月数とその判断基準を記載している。

　ただし、1回の事故のみで何カ月も連続して無事故手当を不支給とすることは、ドライバー本人のモチベーションを阻害し、トラブルの元になるので、避けたほうがよい。

　一方、無事故報奨金制度は無事故を連続して達成した社員に対する報奨金である。毎月の無事故手当と合わせて年に1回支給している会社が多い。一般的には年間無事故表彰に合わせて支給する。

　しかし、この無事故報奨金制度を無事故手当の変形版として導入している会社もある。無事故手当は毎月支給する月例賃金の中に含めるが、このケースの無事故報奨金は2〜3カ月に1回の支給としている。1カ月を超える期間の事故状況に基づき、1カ月を超える期間ごとに支払うことで、時間外手当の算定基礎額から外れる効果があるからだ。ただし、毎月支払うべき手当を単にまとめて支払うだけというやり方では法的に認められないので、計算期間とその運用に注意が必要である。

　そもそも無事故手当も無事故報奨金も本来のねらいは、安全に対する

取組みの強化である。無事故に対するインセンティブが機能するか否かが重要なのである。

　どちらを採用するかは会社の状況により判断されるが、本来の目的に沿っているかの確認が最も重要である。

V 評価手当の運用方法

　ドライバーの賃金体系はメーカーなど他の業種とは違い、人事評価の結果を基本給の上昇幅に反映している会社は少ない。大企業のように良い評価で立身出世を目指したいという社員は少なく、日々の仕事をがんばり月々の給与を稼ぎたいというドライバーのほうが圧倒的に多いからである。

　がんばった社員を評価し、賃金に反映するために使われるのが月例賃金の中の「評価手当」である。評価手当は、安全評価手当もしくは業務品質手当等の名称を使うこともある。また、評価手当の中に無事故手当や皆勤手当等の手当を包含して、一本化するやり方は効果的で良い方法である。

　評価手当を効果的に運用するためには、評価制度を明確化し、社員にオープンにしていかなければならない。会社が社員に期待していることを明示し、期待どおりに活躍しているかを個人ごとに把握し、賃金に反映する仕組みが重要なのである。

　評価手当の金額は、月例賃金の1割程度が適正値である。総支給額200,000円の社員であれば20,000円である。ただし、その会社の人件費支払余力および残業時間等の実態を考慮し、1割未満の金額で設定することもある。この場合でも10,000円を切る金額では、評価に対するインセンティブが働かず効果がないので、金額設定は重要である。

　評価手当は原則として、毎月の評価で決めるものである。毎月月初に前月の自己評価と上司評価を繰り返し、その結果を賃金に反映することが原則である。ただし、中小運送会社でこの作業が実務的に負担が大きいと考えられる場合は、2カ月に1回、もしくは3カ月に1回というように、評価の頻度を調整することがある。注意しなければならないのは、あまり長い間隔（例えば半年、1年等）を置いて評価を反映すると、評価手当の効果が半減し、期待行動に対するインセンティブが薄れ

るので、極力短期間での評価が望ましい。
　評価手当や評価制度の本来の目的は、社員の指導教育が8割以上を占める。良い会社に変えていくために、管理者は多少の煩雑さを受け入れる覚悟が必要である。

Ⅵ 自己評価シートと業績評価表の違い

　社員を評価するときには、物差しが必要である。何をどうすれば会社に評価されるのかを、社員に明示しなければならない。評価の基準を明示しないまま経営者や管理者が勝手に評価すると、社員の納得感を得られないばかりか、むしろ不信感を増幅させることになる。

　運送業の評価制度は、自己評価を採り入れることが原則である。管理者はドライバーが出庫した後の作業状況を、目で確認できないからである。戸外での仕事ぶりを現認できない以上、ドライバー個人の自覚に頼らざるを得ない業種である。

　自分で自分を評価させれば、良い評価を付けるに決まっている。しかし、その自己評価が正しいか否かを判断することが、上司の仕事である。普段から荷主とコミュニケーションをとり、ドライバー個人ごとの仕事振りを確認しているか、タコグラフや運転日報等のデータから日常の業務遂行度をチェックしているか―が管理者に問われる。

　自己評価を採り入れない評価制度だと、いつまでたってもドライバーの行動が改まらない。例えば、「挨拶は進んで大きな声でしています」と自己評価をしているドライバーがいたとする。事務所に出社した際に挨拶が励行されていない場合に、管理者が注意する。注意されたら「挨拶ができている」とは書きづらくなる。そこで本人の行動に変化が出てくる。自己評価を繰り返すたびに自分の行動を振り返ることで、次第に期待行動に近づいていく。自己評価制度のねらいはそこにある。賃金に差を付けるだけではなく、指導教育のツールにすることが重要である。

　評価の項目はどうするか。ドライバーに求める基本行動は大体決まっている。当たり前のことが当たり前にできれば、ほぼ8割がたはOKである。後の2割はその会社独自の経営理念に従って決めればよい。

　前記のとおり、運送業は自己評価制度が原則であるが、会社によっては自己評価が導入できない場合がある。それは、管理者の指導力やコ

■ 自己評価シートの例（運転職用）

運転職 自己評価・目標設定シート

Ⅰ．あなたの今月の自己診断はいかがでしたか？　日常行動があてはまるところに○をつけてください

（所属：　　　　　　　　氏名：　　　　　　　　）

今月（　　月分）チェック項目	配点	自己採点	上司評価
社内外で「明るい挨拶」ができていますか（点数×2→配点） 　1　時々挨拶をしないことがあった 　2　相手から挨拶されたら必ず挨拶した 　3　自分から進んで挨拶した 　4　常に大きな声で明るく挨拶していた 　5　相手の名前を呼んで大きな声で明るく挨拶していた	10		
急な「欠勤、遅刻」はありませんでしたか 　　　　　　　（1は0点、2は5点、3は10点） 　1　連絡しないで（または事後連絡で）欠勤や遅刻をしたことがある 　2　時々事前に連絡を入れて欠勤や遅刻をしたことがある 　3　欠勤や遅刻は一切ない	10		
納品トラブル・クレーム・誤配がありませんか 　　　　　　　（1は0点、2は1点、3は10点） 　1　月に2回以上あった 　2　月に1回あった 　3　一度もなかった	10		
洗車や点検など車両管理は決められたとおり行っていますか 　　　　　　　（1は0点、2は7点、3は10点） 　1　時々行わないことがあった 　2　常に実施していた 　3　お客様に褒められた、または社内で表彰された	10		
燃料費や高速代などコストの削減に努力し効果が出ていますか 　　　　　　　（1は1点、2は5点、3は10点） 　1　努力しているが削減の効果が出ていない 　2　努力しており削減効果も少し出た 　3　常に意識して取り組み、大きな削減効果が出た	10		
車両・積荷・設備機器等の事故は発生していませんか 　　（1はマイナス20点、2はマイナス10点、3はプラス30点） 　1　車両または積荷・設備機器等の事故が2回以上発生した 　2　車両または積荷・設備機器等の事故が1回発生した 　3　事故は一切発生していない	30		
報告・連絡は迅速に行いましたか 　　　　　　　（1は0点、2は3点、3は10点） 　1　時々報告や連絡漏れがあり注意されたことがあった 　2　報告を求められた時にはすぐに報告した 　3　常に進んで報告と連絡を迅速に正しく行った	10		

Ⅵ　自己評価シートと業績評価表の違い

業務改善に向けての提案があり、成果を上げていますか 　　　　　　　（1は0点、2は5点、3は10点） 　1　特に提案はしていない 　2　気付いたことを提案している 　3　提案した内容で経営に良い効果が出ている	10		
		点	点

他に特段のプラスポイント（加点項目）、マイナスポイント（減点項目）があれば、記載してください。

（本人）　　　　　　　　　　　　　　（上司評価）

上記加点、減点を加味した最終評価点　➡　　　　　点

* 前月の自分の行動を振り返り、毎月5日（休日の場合はその前日）までに、自己採点欄の各項目に丸を付けて、提出してください。
  提出がない場合および事故発生の場合には、評価手当(満額で20,000円)は支払われません。
* 提出された自己評価シートをもとに、毎月10日までに上司面接を実施します。
  本人評価➡上司評価➡社長判断により各項目の最終評価点数（満点で100点）を決定します。
* 評価手当は、評価点数に応じて、次のとおり支給します。
  　　　　100点：20,000円　　　90点以上：15,000円　　　80点以上：10,000円
  　　　　70点以上：7,000円　　60点以上：4,000円　　　60点未満：2,000円

Ⅱ．あなたの来月の目標を設定してください。また今月の結果はいかがでしたか？

来月（　　月分）の目標	今月（　　月分）の振返り・反省
1．安全運転：来月の目標（　　　　　　）	1．安全運転：今月の目標（　　　　　　）
2．車両管理：来月の目標（　　　　　　）	2．車両管理：今月の目標（　　　　　　）
3．マナーアップ：来月の目標（　　　　）	3．マナーアップ：今月の目標（　　　　）

上司からの励ましの言葉：

面談日：　　　年　　　月　　　日

本人サイン	上司印

ミュニケーション能力が不足している場合である。

　前述したとおり、自己評価制度を採り入れるには、管理者がドライバーの日常行動を把握し、常にコミュニケーションを図っていなければならない。実際に戸外での作業状況を見ることができなくても、周辺情報から個人ごとに業務をチェックし、指導する能力が必要である。

　ドライバーが書いた自己評価の結果を正しく修正し、フィードバックする能力が不可欠になる。自己評価制度は、本人の評価をそのまま採用するのではなく、上司評価の結果を採用するからである。上司が正しくフィードバックできなければ、自己評価制度は運用できない。

　それでは、管理者がまだ育っていない会社の場合はどうすればよいか。その場合は、客観的な業績指標だけで評価する業績評価制度にするしかない。例えば、事故やミスの有無とその発生頻度、影響度合い、指導記録書で注意を受けた回数、譴責（始末書）等の制裁を受けた回数、燃費目標の達成度、車両点検・洗車等抜打ちチェックの結果等、誰が見ても納得できる業績数値だけで評価するやり方である。この場合は、定量的な指標が中心になり、定性的な評価が難しくなるが、管理者が育っていないのだから仕方がない。

　業績評価制度は、目標管理制度を組み入れないかぎり、自己評価の必要がない。「あなたは前期この結果でしたね」と伝えて改善点を指導すればよい。管理者としては気が楽である。事務的な手間も省ける。しかし、客観的な業績指標だけで評価する業績評価は、自己評価制度が運用できない運送会社の次善の策と考えるべきである。

　なお、自己評価制度と業績評価制度は、いずれも月例賃金の評価手当に反映するほか、毎月の評価結果を累積して半期に１回、賞与にも反映させる。また、１年間の評価結果を累積して、昇進や人事配置にも活用する。

　さらに、退職金制度をポイント制で構築する場合は、評価ポイントを設定し、毎年の評価結果を累積して退職金に反映させる。このように、評価結果は単に月例賃金のみに使うのではなく、多面的な人事処遇に活用することで、モチベーションアップの効果を発揮することになる。

■ ドライバー職用業績評価表の例

ドライバー職用業績評価表

年　　　月　　　日　　　　　　　　　　　　　所属：　　　　　　　氏名：

No.	項目	評価の視点	S 10点	A 8点	B 6点	C 3点	D 0点
1	事故件数	事故発生件数	3年超無事故継続	1年超無事故継続	期中 無事故	事故が1件発生	複数事故発生又は多額事故発生
2	事故金額	期中に発生した事故の実損額	ー (1の評価と同じ)	ー (1の評価と同じ)	ー (1の評価と同じ)	10万円以内	10万円超
3	事故・ミスの影響合い	・事故やミスによる仕事への影響合い	ー (1の評価と同じ)	ー (1の評価と同じ)	軽微なミスはあったが対応が良く支障なし	取引に支障があり	重大な支障あり
4	法令遵守の有無	・道交法違反の有無・運転記録証明書で確認・その他法令違反の有無	3年超違反なし	1年超違反なし	違反なし	軽微な違反あり	複数の違反又は重大な違反あり
5	安全運転評価点	安全運転評価点の期中平均値	平均96点以上	平均93点以上	平均90点以上	平均89点以下80点以上	平均79点以下
6	点検・洗車	抜き打ち検査の結果で評価	3年以上問題なし 優秀	2年間問題なし 優良	期中 問題なし 可	点検・洗車に軽微な問題あり	点検・洗車に問題あり
7	燃費・高速代・修理代	コストの目標達成度	3年連続目標達成	2年連続目標達成	期中 目標達成	目標未達	目標に大幅未達
8	勤怠	欠勤、運転、早退の有無	連続して勤怠に全く問題なし 優秀	勤怠に問題なし 休出に協力的	期中 勤怠に問題なし	欠勤又は遅刻があり	欠勤又は遅刻が複数回あり
9	デジタコ入力	デジタコ・日報の入力状況	正しくボタン押し、報告を実施 模範的である	正しくボタン押し実施	軽微な押し忘れがあったが問題なし	ルールどおりできないことがあった	ほとんどルールどおりできなかった
10	指導記録の有無	・注意指導を受けたか・指導記録票を受けたか・制裁を受けたか	模範的社員で注意指導なし	注意指導を受けなかった	軽微な注意を受けたが問題なし	軽微な指導記録票あり	複数回指導記録票又は制裁あり

期中評価点　　　　　点　　　コメント

評価者印

■ 指導記録票記載例

指導記録票

指導対象者 _____　　指導者 _____
指導日　　年　　月　　日　　　　　指導場所 _____

指導の対象となった事案 （日時、場所、発生事由、影響等）	9月7日18：00に車両の抜き打ち点検を実施したところ、運転席付近にタバコの吸殻が一本、および助手席にライターが落ちていた。
指導の内容	常時清潔清掃の社内ルールに反する事実として厳重注意した。
過去の同様事例と指導内容	1カ月前の8月3日にも点検時に運転席に雑誌の置き忘れあり。厳重注意した。
設定した目標等	今後、同様のことが起きないよう、帰社後日報の備考欄に車内点検の確認印を押すことにした。

　上記の指導内容を真摯に受け止め、業務が問題なく遂行できるように精励努力いたします。

　　　　　　　　　　　従業員氏名 _____ 印____

Ⅶ 歩合給の設定方法

　運送業の賃金体系で、歩合給の占める割合が高いことは前述したとおりである。それでは、歩合給はどのような基準でつくるのか。
　運送業の業態は多種多様なため、歩合給の設定方法も多彩である。以下に分類したものは代表的な算出基準であり、それぞれを組み合わせ、変形させて、各会社の実態に合わせてつくることになる。
　また、それぞれの歩合率は人件費総額を考慮し、かつ各業態の特性を検討して歩合率のウエイトを決める。

・売上（個人の月間運賃収入、事業所の月間売上、会社の月間売上）
・距離（個人の月間走行距離、個人の月間実車距離）
・トンキロ数（個人の月間トンキロ数）
・入出庫個数（センターごとの入出庫個数）
・入出庫金額（センターごとの入出庫金額）
・積卸し回数（個人の月間積卸し回数、個人の手積み手降し回数）
・立寄り件数（個人の月間立寄り件数）
・店舗数（個人の月間配送店舗数）
・伝票枚数（個人の月間配送伝票枚数）
・個数（個人の配送個数）
・立米数（個人の運搬立米数、土砂・砕石等の場合）
・二回運行回数（個人の月間二運行回数）
・作業回数（個人の月間作業従事回数、運行業務外）
・協力業務回数（個人の協力業務回数、担当業務外）
・横持ち回数（個人の月間横持ち回数）
・方面別運行手当（個人の月間方面別運行回数に応じた金額）
・売上－燃料費（個人の月間金額）
・売上－燃料費－高速代（個人の月間金額）
・売上－高速代（個人の月間金額）

・売上－車両に関わる全コスト（個人の月間金額、一部コストの場合あり）

Ⅷ　ドライバー以外の賃金体系

　運送業の賃金体系で、最も特徴的なドライバーの賃金体系について考察してきたが、冒頭述べたとおり、運送業にはドライバー以外に配車係や事務職、倉庫作業員、整備士、管理職等の職種がある。大手運送会社や3PLの中堅会社では、このほかにSEや営業職が存在するが、中小運送会社ではあまり見かけない。
　前述したとおり、ドライバー以外の職種は、ほぼ固定給と時間外手当を主体としたシンプルな賃金体系である。
　固定給は、基本給と職務手当および皆勤手当や家族手当等が多い。職務手当は職種ごとに決めて支払っているケースもあれば、個人ごとに支給総額から差引きして調整手当のように計算している会社もよく見られる。また、通勤手当は、ほぼ9割の会社が支給している。
　時間外手当は、実際の所定外労働時間に応じて都度計算している会社と、定額残業代で支給する会社が混在している。ただし、定額残業代で支給する会社は全体の2割程度と少ない。
　ドライバー以外は固定給体系が多いが、倉庫作業員だけはドライバーと似た歩合給を導入するケースがある。倉庫の入出庫個数や入出庫金額をもとに歩合率をかけて歩合給として支給する方法である。ドライバーと異なるのは、個人ごとの入出庫個数等を把握することが困難なため、倉庫もしくはセンターごとに算出し、その部署に所属する倉庫作業員全員に対して同額を歩合給として支給する方法が多いことである。倉庫作業員の場合は、他にピッキングミスや誤出荷等が発生した時に歩合率を引き下げ、もしくは評価手当に反映する会社も見受けられる。

Ⅸ　ドライバー以外の評価表

　運送業では職種により、業務内容が大きく異なるため、一種類の統一した評価表で評価をすることができない。メーカー等の他業種の場合は、考課者訓練の実施を前提にして、規律性や責任性、協調性、積極性等、抽象的な概念で一律に評価することも可能だが、運送業には適さない。

　前述したとおり、運送業の場合は自己評価制度を導入し、戸外で働くドライバーの自覚を促すことで、はじめて物流品質を向上させることができる。

　自己評価制度を十分機能させるためには、抽象的な評価項目ではなく、誰にでもわかりやすい実務に即した評価項目を設定することが必要である。ドライバーに実務的な評価表を導入する以上、その他の職種に対しても同様に職種の実状に適合した評価表を作らなければならない。運送業では、職種ごとに評価表を作り、運用することが大事である。

■ 自己評価シートの例（事務職用）

事務職 自己評価・目標設定シート

Ⅰ．あなたの今月の自己診断はいかがでしたか？　日常行動があてはまるところに〇をつけてください

（所属：　　　　　　　　　氏名：　　　　　　　）

今月（　月分）チェック項目	配点	自己採点	上司評価
社内外で「明るい挨拶」ができていますか（点数×2→配点） 　1　時々挨拶をしないことがあった 　2　相手から挨拶されたら必ず挨拶した 　3　自分から進んで挨拶した 　4　常に大きな声で明るく挨拶していた 　5　相手の名前を呼んで大きな声で明るく挨拶していた	10		
急な「欠勤、遅刻」はありませんでしたか 　　　　　　　　　（1は0点、2は5点、3は10点） 　1　連絡しないで（または事後連絡で）欠勤や遅刻をしたことがある 　2　時々事前に連絡を入れて欠勤や遅刻をしたことがある 　3　欠勤や遅刻は一切ない	10		
事務ミスや顧客からのクレーム等のトラブルはありませんでしたか　　　　（1は0点、2は1点、3は10点） 　1　月に2回以上あった 　2　月に1回あった 　3　一度もなかった	10		
上司の指示を順守し、期限までに期待どおりの業務を遂行しましたか　　　（1は0点、2は7点、3は10点） 　1　時々指示事項の順守に欠けることがあった 　2　忙しい時でも常に指示に従い期待どおりに遂行した 　3　上司やお客様に褒められた、または社内で表彰された	10		
無駄な残業削減・事務経費の節約などコストの削減に努力し効果が出ていますか　（1は1点、2は5点、3は10点） 　1　努力しているが削減の効果が出ていない 　2　努力しており削減効果も少し出た 　3　常に意識して取り組み、大きな削減効果が出た	10		
不注意での通勤・職務中の事故・設備機器の破損・修理等は発生していませんか 　（1はマイナス20点、2はマイナス10点、3はプラス30点） 　1　事故が2回以上発生した	30		

	2 事故が1回発生した 3 事故は一切発生していない		
報告・連絡は迅速に行いましたか 　　　　　　　　（1は0点、2は3点、3は10点） 　1　時々報告や連絡漏れがあり注意されたことがあった 　2　報告を求められた時にはすぐに報告した 　3　常に進んで報告と連絡を迅速に正しく行った	10		
業務改善に向けての提案があり、成果を上げていますか 　　　　　　　　（1は0点、2は5点、3は10点） 　1　特に提案はしていない 　2　気付いたことを提案している 　3　提案した内容で経営に良い効果が出ている	10		
		点	点

他に特段のプラスポイント（加点項目）、マイナスポイント（減点項目）があれば、記載してください。

（本人）　　　　　　　　　　　　（上司評価）

上記加点、減点を加味した最終評価点　➡　　　　　点

*　前月の自分の行動を振り返り、毎月5日（休日の場合はその前日）までに、自己採点欄の各項目に丸をつけて、提出してください。
　　提出がない場合および事故発生の場合には、評価手当(満額で20,000円)は支払われません。
*　提出された自己評価シートをもとに、毎月10日までに上司面接を実施します。
　　本人評価➡上司評価➡社長判断により各項目の最終評価点数（満点で100点）を決定します。
*　評価手当は、評価点数に応じて、次のとおり支給します。
　　　100点：20,000円　　　90点以上：15,000円　　　80点以上：10,000円
　　　70点以上：7,000円　　60点以上：4,000円　　　60点未満：2,000円

Ⅱ．あなたの来月の目標を設定してください。また今月の結果はいかがでしたか？

来月（　月分）の目標	今月（　月分）の振返り・反省
1．事務効率：来月の目標（　　　　　）	1．事務効率：今月の目標（　　　　　）
2．指示事項の進捗度：来月の目標（　　　）	2．指示事項の進捗度：今月の目標（　　　）
3．マナー：来月の目標（　　　　　）	3．マナー：今月の目標（　　　　　）

上司からの励ましの言葉：

面談日：　年　月　日

本人サイン	上司印

■ 自己評価シートの例(倉庫作業員用)

倉庫職 自己評価・目標設定シート

Ⅰ. あなたの今月の自己診断はいかがでしたか? 日常行動があてはまるところに○をつけてください

(所属:　　　　　　　　　氏名:　　　　　　　　)

今月(　月分)チェック項目	配点	自己採点	上司評価
社内外で「明るい挨拶」ができていますか(点数×2→配点) 1 時々挨拶をしないことがあった 2 相手から挨拶されたら必ず挨拶した 3 自分から進んで挨拶した 4 常に大きな声で明るく挨拶していた 5 相手の名前を呼んで大きな声で明るく挨拶していた	10		
急な「欠勤、遅刻」はありませんでしたか (1は0点、2は5点、3は10点) 1 連絡しないで(または事後連絡で)欠勤や遅刻をしたことがある 2 時々事前に連絡を入れて欠勤や遅刻をしたことがある 3 欠勤や遅刻は一切ない	10		
ピッキングミスやクレーム等のトラブルはありませんでしたか　(1は0点、2は1点、3は10点) 1 月に2回以上あった 2 月に1回あった 3 一度もなかった	10		
庫内作業や出荷伝票の取扱いなどはルールどおり丁寧に行っていますか　(1は0点、2は7点、3は10点) 1 時々行わないことがあった 2 常に実施していた 3 お客様に褒められた、または社内で表彰された	10		
無駄な残業削減などコストの削減に努力し効果が出ていますか (1は1点、2は5点、3は10点) 1 努力しているが削減の効果が出ていない 2 努力しており削減効果も少し出た 3 常に意識して取り組み、大きな削減効果が出た	10		
フォークリフト・荷崩れ・設備機器等の事故は発生していませんか (1はマイナス20点、2はマイナス10点、3はプラス30点) 1 事故が2回以上発生した	30		

2 事故が1回発生した 3 事故は一切発生していない			
報告・連絡は迅速に行いましたか 　　　　　　（1は0点、2は3点、3は10点） 1 時々報告や連絡漏れがあり注意されたことがあった 2 報告を求められた時にはすぐに報告した 3 常に進んで報告と連絡を迅速に正しく行った	10		
業務改善に向けての提案があり、成果を上げていますか 　　　　　　（1は0点、2は5点、3は10点） 1 特に提案はしていない 2 気付いたことを提案している 3 提案した内容で経営に良い効果が出ている	10		
		点	点

他に特段のプラスポイント（加点項目）、マイナスポイント（減点項目）があれば、記載してください。

```
（本人）　　　　　　　　　　　　　　（上司評価）


上記加点、減点を加味した最終評価点　➡　　　　　点
```

* 前月の自分の行動を振り返り、毎月5日（休日の場合はその前日）までに、自己採点欄の各項目に丸をつけて、提出してください。
  提出がない場合および事故発生の場合には、評価手当(満額で20,000円)は支払われません。
* 提出された自己評価シートをもとに、毎月10日までに上司面接を実施します。
  本人評価➡上司評価➡社長判断により各項目の最終評価点数（満点で100点）を決定します。
* 評価手当は、評価点数に応じて、次のとおり支給します。
  　　　100点：20,000円　　　90点以上：15,000円　　　80点以上：10,000円
  　　　70点以上：7,000円　　60点以上：4,000円　　　60点未満：2,000円

Ⅱ．あなたの来月の目標を設定してください。また今月の結果はいかがでしたか？

来月（　月分）の目標	今月（　月分）の振返り・反省
1. 安全：来月の目標（　　　　　　）	1. 安全：今月の目標（　　　　　　　）
2. 庫内管理：来月の目標（　　　　）	2. 庫内管理：今月の目標（　　　　　）
3. マナー：来月の目標（　　　　　）	3. マナー：今月の目標（　　　　　　）

上司からの指示事項　等

面談日：　年　月　日

本人サイン	上司印

■ **自己評価シートの例(管理職用)**

管理職 自己評価・目標設定シート

Ⅰ. あなたの今月の自己診断はいかがでしたか? あてはまるところに〇をつけてください

(所属:　　　　　　　　　氏名:　　　　　　　　)

今月(　月分)チェック項目	配点	自己採点	上司評価
社内外で「明るい挨拶」ができていますか　　(点数→配点) 　1　時々挨拶をしないことがあった 　2　相手から挨拶されたら必ず挨拶した 　3　自分から進んで挨拶した 　4　常に大きな声で明るく挨拶していた 　5　相手の名前を呼んで大きな声で明るく挨拶していた	5		
急な欠勤はありませんでしたか 　　　　　　　　(1は0点、2は2点、3は5点) 　1　連絡しないで(または事後連絡で)欠勤をしたことがある 　2　時々事前に連絡を入れて欠勤をしたことがある 　3　欠勤は一切ない	5		
貴方の担当部署の業績・成果は計画どおりに進捗していますか　　(1は10点、2は20点、3は30点) 　1　計画を下回っている 　2　計画通りに進捗している 　3　計画を上回る高い業績・成果を上げている	30		
経営層の指示を順守し、期限までに期待どおりの業務を遂行しましたか　　(1は0点、2は7点、3は10点) 　1　時々指示事項の順守に欠けることがあった 　2　常に指示に従い期限までに期待どおりに遂行した 　3　経営層や顧客に褒められた、または社内で表彰された	10		
担当部署の残業削減・経費の節約などコストの削減に効果が出ていますか　　(1は1点、2は5点、3は10点) 　1　努力しているが削減の効果が出ていない 　2　努力しており削減効果も少し出た 　3　意識して取り組み、担当部署で大きな削減効果が出た	10		
担当部署で通勤・職務中の事故や社有物の破損等は発生していませんか 　(1はマイナス20点、2はマイナス10点、3はプラス30点) 　1　事故や破損が2回以上発生した	30		

2 事故や破損が1回発生した 3 事故・破損等は一切発生していない			
報告・連絡は迅速に行いましたか 　　　　　　　（1は0点、2は3点、3は5点） 　1 時々報告や連絡漏れがあり注意されたことがあった 　2 報告を求められた時にはすぐに報告した 　3 常に進んで報告と連絡を迅速に正しく行った	5		
担当部署で業務改善に向けての提案があり、成果を上げていますか 　　　　　　　（1は0点、2は3点、3は5点） 　1 担当部署で業務改善の提案はない 　2 部下に提案を促しており少し効果が表れている 　3 担当部署の業務改善提案で経営に良い効果が出ている	5		

他に特段のプラスポイント（加点項目）、マイナスポイント（減点項目）があれば、記載してください。

（本人）	（社長、上司評価）
上記加点、減点を加味した最終評価点 ➡	点

* 前月の自分の行動を振り返り、毎月5日（休日の場合はその前日）までに、自己採点欄の各項目に丸をつけて、提出してください。
　提出がない場合および事故発生の場合には、評価手当(満額で20,000円)は支払われません。
* 提出された自己評価シートをもとに、毎月10日までに上司面接を実施します。
　本人評価➡上司評価➡社長判断により各項目の最終評価点数（満点で100点）を決定します。
* 評価手当は、評価点数に応じて、次のとおり支給します。
　　　100点：20,000円　　　90点以上：15,000円　　　80点以上：10,000円
　　　70点以上：7,000円　　60点以上：4,000円　　　　60点未満：2,000円

Ⅱ．あなたの来月の目標を設定してください。また今月の結果はいかがでしたか？

来月（　　月分）の目標	今月（　　月分）の振返り・反省
1. 業績・成果：来月の目標（　　　　　）	1. 業績・成果：今月の目標（　　　　　）
2. 指示事項の進捗度：来月の目標（　　　）	2. 指示事項の進捗度：今月の目標（　　　）
3. マナー推進：来月の目標（　　　　）	3. マナー推進：今月の目標（　　　　）

上司からの指示事項　等

面談日：　　年　　月　　日

本人サイン	上司印

Ⅹ 賃金制度と人事制度および教育システムの連動

　現在の運送業における喫緊の課題は、人手不足対策である。しかも、人手不足は一過性の課題ではなく、将来の人口構造からみても長期にわたることが確実である。

　特に、若年層の運送業離れが甚だしい。このままの状態が続くと、運送業界はドライバー不足で危機的な状況に陥る。それゆえ、若年層が魅力を感じる業界に変えていかなければならない。

　今の若年層が就職する会社を選ぶときに何を重視しているかを見ると、今後打つべき対策が見えてくる。ある公的機関の調査によると30歳未満の若年層が会社に求めているものは、①人間関係が良いこと、②自分のやりたい仕事ができること、③自分の能力を高めることができること、④雇用が安定していること、⑤会社の将来性、⑥賃金が高いこと──の順になっている。

　一方、若年層が離職や転職を考えた時期は大半が1年から2年未満と回答しており、22歳未満では入社して3カ月以内に4割が離職を考えたと回答している。離職理由としては　①賃金が低い、②仕事が面白くない、③自分のキャリアや将来性、④会社の安定性や将来性、⑤労働時間が長い──などが挙げられている。

　これらの調査結果からもわかるとおり、現在の若年層を運送業界に呼び込むためには、労働環境や賃金を改善していくことと同時に、将来のキャリアプランを明示する必要がある。「この会社に勤めていて自分は成長できるのだろうか」という若年層の不安を解消しなければならない。

　従来、運送会社の多くはその努力を怠ってきた。特に中小運送会社は、不景気による長期低迷期にすっかり消耗してしまい、人を雇って育てるということに金と時間を十分充ててこなかった。唯一注力していたのは、法律で定められた安全事故防止の教育だけである。長い間荷不足

でドライバーが過剰気味だったこともあり、人材を採用する基盤づくりをしてこなかった。そのツケが、今激しく押し寄せている。会社の魅力をアピールする重要さにようやく気付き、焦り始めているというのが実情である。

今やるべきことは、本気で社員のキャリアプランを考えることである。そのためには賃金制度と人事制度、教育システムを連動させて明示しなければならない。「この会社に勤めていれば、将来このような立場になり、処遇はこうなる。キャリアアップのために、教育制度は段階的にこう実施していく」と社員にわかりやすく「見える化」する必要がある。

■ K社の事例

設例

K社は、地方の運送会社である。70両程の車両を保有し、地場から長距離まで幅広く手掛けている。

K社の当面の課題は、人材採用であった。社員の高齢化が進み、若年層がほとんど来ない。将来の事業継続に危機感を抱いていた。

ある時、総務部長が近隣の高校に求人の説明に行った際、就職担当の先生から「お宅の会社にうちの生徒を預けた場合は、ずっとドライバーですか？」「安全や事故防止の教育についてはわかりましたが、そのほかにどのような教育システムがあるのですか？」と聞かれて返答に困ったことがあった。K社ではドライバーで採用した社員は、定年までドライバーが当たり前であり、ドライバーから本社管理職に上がった者は1人もいなかった。

そこでK社が取り掛かったのが、人事賃金制度の整備である。新卒採用に取り組むためにも避けて通れない課題であった。

＜K社の人事賃金制度＞
・基本給　　基本給表に基づく

・役割給　　役割給表に基づく
・住宅手当　借家家賃の2割補填（上限15,000円）　持家10,000円
・評価手当　　　　　　　20,000円
・時間外・深夜・休日手当　ドライバー職以外（法所定の計算）
　　　　運行時間外手当　　ドライバー（運行時間外手当表に基づく）
　　　　割増賃金差額　　　ドライバー（運行時間外手当と法定割増賃
　　　　　　　　　　　　　金要支給額との差額）
　　　　計　　　　　　　　250,000円～450,000円

＜基 本 給＞

▷「役割・職位別」基本給表を設定。
▷6等級 課長以上が管理職。
▷評価の反映（年に1回）。
　S　3号俸上昇
　A　2号俸上昇
　B　1号俸上昇
　C　現状維持
　D　1号俸降下

＜役 割 給＞

・役割を明示。昇格昇給あり。評価結果により降職もあり。
・定型運転職からリーダーへの抜擢もあり。
・運転職から管理・監督業務に昇格後、賃金が低下した場合は、別途補填。

＜評 価 手 当＞

・評価表に基づき毎月評価を実施。翌月の評価手当を決定。
・翌月5日までに本人評価➡同10日までに上司面談➡同15日までに上司評価
　・毎月の評価結果を累積し、賞与、昇給、昇格、昇進に反映
　　トップ➡S、上位20%以内➡A、上位20%～80%の範囲内➡B、下位20%➡C、最下位➡D

● 図表4-1　基本給の金額

<役割・職位>	1号俸　　　　　最終号俸	号俸ピッチ	標準年数
1　定型運転職	120,000円～130,000円	500円	2年
2　熟練運転職	130,000円～142,000円	600円	2年
3　リーダー（副班長）	145,000円～159,000円	700円	3年
4　主任（班長）	160,000円～176,000円	800円	3年
5　監督職（配車係）	180,000円～198,000円	900円	5年
6　課長	200,000円～224,000円	1,200円	8年
7　部長	250,000円～280,000円	1,500円	―

● 図表4-2　役割給の金額

	金額	役割基準
定型運転職	0	日常の業務を指示どおりに遂行できる。
熟練運転職	0	模範となる実績・勤務態度、後輩指導
リーダー・副班長	5,000円	推進リーダー、班長補佐
主任・班長	10,000円	班長等の管理的役割を担う。
監督職・配車係	30,000円	運行管理、安全管理、荷主折衝
課長	70,000円	管理職として管理業務を担う。
部長	80,000円	統率管理者として全体管理を担う。

＜運行時間外手当＞

・運転職　➡　運行方面別に標準労働時間から算出した時間外および深夜手当相当額を支給。別途、所定外労働時間を管理し、割増賃金の差額補填を実施。

・従来からの運行手当を維持し、所定外時間に対する割増賃金部分を明確に区分。社員に説明のうえ、全員から同意を得た。

・運転職以外　➡　所定外労働時間に応じて通常の割増賃金計算を行う。

・K社は人事制度の改定により、ドライバーとして採用した者であっても本人の希望により、運行管理者資格の取得を条件として、管理者への道筋を明確にした。評価の結果によっては、最短1年で定型運転職からリーダーへの飛び昇格を可能とした。若年層のやる気を高め、社員間で切磋琢磨する社風を築きたいと考えている。

＜教育体系の明確化＞

K社は人事賃金制度の改定と同時に教育体系を整備し、社員に明示した。

定型運転職の教育プログラムは車両点検、安全事故防止、マナー、業務マニュアルの習得等、基礎的な内容とし、月間予定表を作成した。熟練運転職は上記への参加に加えて、コミュニケーションスキル、物流管理等の品質向上に寄与する内容を採り入れた。

また、リーダーや主任クラスには、さらに部下指導スキル、原価計算等の管理業務に関する内容、評価補助者として評価者研修にも参加させることとした。加えて、主任クラスは運行管理者資格の取得を義務付け、課長への昇進は資格所得者から選別することを明示した。

教育体系の明確化により、スキルアップの過程が「見える化」されるとともに、責任感の醸成にも役立っている。

著者略歴

小山 雅敬(こやま まさのり)

1954年生まれ、大阪府出身。
大阪府立三国丘高等学校、大阪大学経済学部卒業後、都市銀行へ入行。
中小企業事業団派遣後、都銀シンクタンクで経営コンサルティング部主任研究員として経営コンサルティング業務に従事。
1991年　大手損害保険会社に入社。同社の営業推進部上席部長兼経営サポートセンター長として法人営業推進および法人向け経営支援業務に従事。自ら全国を回り、3,000社以上の経営相談や社員研修を実施。各地でセミナー講演を多数実施。特に全日本トラック協会、各県トラック協会等で多数の講演を実施。
2015年　株式会社コヤマ経営を設立。現在に至る。

[保有資格等]
中小企業診断士、証券アナリスト、運行管理者(貨物)、ISO9001品質システム審査員補、日本物流学会正会員、日本ファイナンス学会正会員

[主な経営指導内容]
人事賃金制度の構築
労使問題などの労務リスク対策
次世代への事業承継対策
幹部育成をはじめとする組織改革
財務・経営計画、その他の経営改善

[連絡先等]
メール　　　　　koyama@koyama-keiei.com
ホームページ　　http://koyama-keiei.com

実例に基づく
トラック運送業の賃金制度改革

平成28年 9月20日 初版発行
令和元年 6月 1日 初版3刷

検印省略

著 者 小 山 雅 敬
発 行 者 青 木 健 次
編 集 者 岩 倉 春 光
印 刷 所 日本ハイコム
製 本 所 国 宝 社

〒101-0032
東京都千代田区岩本町1丁目2番19号
https://www.horei.co.jp/

（営 業） TEL 03-6858-6967　Eメール syuppan@horei.co.jp
（通 販） TEL 03-6858-6966　Eメール book.order@horei.co.jp
（編 集） FAX 03-6858-6957　Eメール tankoubon@horei.co.jp

（バーチャルショップ） https://www.horei.co.jp/iec/
（お詫びと訂正） https://www.horei.co.jp/book/owabi.shtml

※万一、本書の内容に誤記等が判明した場合には、上記「お詫びと訂正」に最新情報を掲載しております。ホームページに掲載されていない内容につきましては、FAXまたはEメールで編集までお問合せください。

・乱丁、落丁本は直接弊社出版部へお送りくださればお取替えいたします。
・JCOPY〈出版者著作権管理機構 委託出版物〉
本書の無断複製は著作権法上での例外を除き禁じられています。複製される場合は、そのつど事前に、出版者著作権管理機構（電話 03-5244-5088、FAX 03-5244-5089、e-mail: info@jcopy.or.jp）の許諾を得てください。また、本書を代行業者等の第三者に依頼してスキャンやデジタル化することは、たとえ個人や家庭内での利用であっても一切認められておりません。

© M. Koyama 2016. Printed in JAPAN
ISBN 978-4-539-72502-3

会員数 No.1！社会保険労務士のための総合webサービス

SJS 社労士情報サイト

大好評!! 労働判例データベース

（提携：第一法規株式会社）

実務に役立つ判例がいつでも探せる！読める！活用できる！！

☆SJS会員サイトから第一法規株式会社提供の判例データベース『D1-Law.com 判例体系（労働法）』に接続し，労働関連法にかかわる1万件以上の判決文を検索可能！
☆フリーワード検索はもちろんのこと，判例を体系的に整理・分類した体系目次検索等，さまざまな検索機能を利用可能！
☆上下審，引用判例，連想判例等の関連する他判例へリンク可能！
☆すべての判例に専門家による要旨を掲載！

《検索結果一覧画面イメージ》

《検索結果画面イメージ》

コンテンツ＆サービスの詳しい内容と申込方法は　日本法令　SJS　検索

What is "SJS"?　SJS社労士情報サイトは，2002年の運営スタート以来，多くの社会保険労務士の皆様にご活用いただいている総合webサービスです。

Web Solution for Labor and Social Security Attorney

SJS はコチラ

社労士業務と事務所運営に必要な情報&ツールが揃っています!

以下のコンテンツ&サービスをご用意!

ベーシック会員・プレミアム会員共通

① 「就業規則バンク」
　就業規則のデータベース!書籍・CD商品別,雇用形態別,業態別,条文別など,詳細なカテゴリー検索でお探しの規定がスムーズに探せます。

② 「ビジネス書式・文例集」
　社労士業務,人事・労務管理業務に必要な各種申請・届出様式やビジネス文書,契約書等をダウンロードできます(Word・Excel・PDF 形式.総収録数は 2,000 以上)。

③ 「厚労省資料ピックアップ」
　厚生労働省関連の最新情報を,サイト上で検索・閲覧することができます。

④ 「社労士事務所便り」
　オリジナルの『社労士事務所便り』のひな型と記事をダウンロードできます。事務所名と簡単なコメントを加えるだけで顧客先への情報ツールとしてご利用いただけます。

⑤ 「営業・業務支援ツール」
　社労士業務に必要となる業務書式や営業用書式などを Word, Excel, PowerPoint 等のファイルで提供します。

⑥ 「月刊ビジネスガイド」1 年分
　多くの社会保険労務士,企業の人事・労務担当者にご愛読いただいている実務誌「ビジネスガイド」の最新号を毎月お届けします。

⑦ 「ビジネスガイド WEB 版」
　「ビジネスガイド」バックナンバーの記事をすべて PDF でご覧いただけます。Web 上でページをめくるようにご覧いただけるビューワー機能を追加しました!

⑧ 「社労士が受けた相談事例」
　社労士が企業の実務担当者から実際に受けた労務に関する相談事例を「労働時間」「休日・休暇」「賃金」「非正規社員」などのジャンル別にQ&Aで紹介しています。

⑨ 「会員限定メールマガジン」
　会員の皆さまだけに選りすぐりの情報を毎週配信しています。

⑩ 「労働判例検索サービス」
　第一法規株式会社との提携により,実務に役立つ労働判例の検索サービスがご利用いただけます(詳しくは左ページ)。

プレミアム会員限定

○ 「セミナー無料受講3日分」
　日本法令主催の実務セミナーのうち,ご希望の講座を年間3日,無料で受講することができます(一部,対象外)。

○ 「社労士専門誌 SR WEB 版」
　月刊社会保険労務士専門誌「SR」の記事(バックナンバー含む)をすべて PDF でご覧いただけます。Web 上でページをめくるようにご覧いただけるビューワー機能を追加しました!

○ 「顧問先重要書類　受渡保管庫」
　社労士事務所としてきちんと管理・保管してきた重要書類の安全・確実に保管・受け渡しができるサービスです。

○ 「アーカイブ動画&プレゼンレジュメ」
　実務に役立つ実務解説動画&レジュメを掲載しています。

年会費

〔ベーシック会員〕税別 25,800 円(税込 27,864 円)　〈ビジネスガイド定期購読(年間11,294円)を含む〉
〔プレミアム会員〕税別 75,000 円(税込 81,000 円)　〈さらに,セミナー3日分無料等の特典を含む〉

申込方法

〔新規申込の場合〕　ウェブサイト(http://www.horei.co.jp/sjs)からお申込みください。
〔ビジネスガイド定期購読会員から社労士情報サイト会員に変更する場合〕
ビジネスガイド定期購読料金と社労士情報サイト年会費の相殺を行いますので,社労士情報サイト会員担当にご連絡ください。

お問合せ先　㈱日本法令 社労士情報サイト会員担当
✉ sjs@horei.co.jp　☎ 03-6858-6965 (月~金 9:00~17:30)

労働・社会保険, 税務の官庁手続&人事・労務の法律実務誌

ビジネスガイド
定期購読のご案内

ホームページ　http://www.horei.co.jp/bg/

定期購読にするととってもおトクです！

ビジネスガイドとは?

　ビジネスガイドは，昭和40年5月創刊の労働・社会保険や人事・労務の法律を中心とした実務雑誌です。企業の総務・人事の実務担当者および社会保険労務士の業務に直接影響する，労働・社会保険の手続，労働法等の法改正情報をいち早く提供することを主眼としています。これに加え，人事・賃金制度や就業規則・社内規程の見直し方，合同労組・ユニオン対策，最新労働裁判例のポイント，公的年金・企業年金に関する実務上の問題点についても最新かつ正確な情報をもとに解説しています。

「定期購読会員」とは?

● ビジネスガイドの年間定期購読（1年または2年）の申込みをし，弊社に直接，下記の定期購読料金をお支払いいただいた方をいいます。

定期購読会員特典

① 会員特別価格でご購読いただけます。

　　1年間（12冊）10,457円 ／ 2年間（24冊）18,629円（いずれも税別・送料無料）

② 毎月の発売日（10日）までに，ビジネスガイドがお手元に届きます。
（※）配達業者等の事情により一部到着が遅れる場合がございます。

③ 当社発売の書籍・CD-ROM商品等を，会員特別価格で購入することができます。
④ 当社主催の実務セミナーを，会員特別料金で受講することができます。

お申込み方法

【初めて申込みをする場合】

● 下記にご連絡いただければ専用郵便払込用紙をお送りいたしますので，必要事項をご記入のうえ，郵便局で購読料金をお振り込みください。
● 定期購読料金のお振り込みが確認され次第，ご希望の号数から発送を開始いたします。
（※）バックナンバーからの購読をご希望の場合は，定期購読会員係【電話：03-6858-6960】に在庫をご確認のうえ，お申込みください。

【定期購読契約を更新する場合】

● 定期購読終了の際に，「購読期間終了・継続購読のご案内」とともに，新たに専用の郵便払込用紙を送付いたしますので，郵便局で定期購読料金をお振り込みください。
（※）定期購読期間中の中途解約は，原則としてお受けいたしかねます。

■ 定期購読に関するお問い合わせは，日本法令 定期購読会員係【電話：03-6858-6960】まで
　　　　　　　　　　　　　　　　　　　　　　　　　　　　　E-mail kaiin@horei.co.jp